梅李镇志

LOCAL RECORDS OF MEILI

江苏省常熟市梅李镇志编纂委员会　编

图书在版编目（CIP）数据

梅李镇志 / 江苏省常熟市梅李镇志编纂委员会编
.-- 北京：方志出版社，2018.11
（中国名镇志丛书）
ISBN 978-7-5144-3383-8

Ⅰ.①梅…　Ⅱ.①江…　Ⅲ.①乡镇—地方志—常熟
Ⅳ.①K295.35

中国版本图书馆 CIP 数据核字（2018）第 251146 号

·中国名镇志丛书·

梅李镇志

编　　者：江苏省常熟市梅李镇志编纂委员会
责任编辑：丛　珺

出 版 人：冀祥德
出 版 者：方志出版社
地址　北京市朝阳区潘家园东里 9 号（国家方志馆 4 层）
邮编　100021
网址　http://www.fzph.org
发　　行：方志出版社图书经销中心
电话　（010）67110500
经　　销：各地新华书店
排　　版：北京纺印图文设计制作有限公司
印　　刷：北京中科印刷有限公司

开　　本：787 × 1092　1/16
印　　张：16.75
字　　数：316 千字
版　　次：2018 年 11 月第 1 版　2018 年 11 月第 1 次印刷

ISBN 978-7-5144-3383-8　定价：135.00 元

序一

习近平总书记指出：“不忘历史才能开辟未来，善于继承才能善于创新……只有坚持从历史走向未来，从延续民族文化血脉中开拓前进，我们才能做好今天的事业。”中国优秀传统文化是在漫长的历史长河中历经无数次涤荡和沉淀而形成的思想精髓，蕴藏着无穷的宝藏和无尽的力量。发掘和继承优秀传统文化，是延续中华文明“根”与“魂”的必由之路。与时俱进，推动传统文化不断开拓创新，是中华文明常葆勃勃生机的重要保证。

“国有史，邑有志。”编修地方志是中国特有的文化现象，是中华民族的优秀文化传统。数千年来，连绵不断的志书编修为保护中华民族根脉，传承中华文明发挥了不可替代的作用。中国现存古志有 8000 余种，占现存古籍的十分之一。中华人民共和国成立以来，编修完成数万种省、市、县三级综合性行政区域志、部门志、行业志、专志等，编纂数万种地方综合年鉴、行业年鉴和专门年鉴等，整理出版数千种历代方志及相关研究成果，发表相当数量的方志理论与年鉴理论研究成果。这既是对我国国情、地情持续开展的大规模普遍调查，也是对各地自然与社会发展状况进行的综合研究，其成果构成了一座丰富的文化资源宝藏，为各级领导科学决策提供了重要参考，为推动经济社会发展和文化建设发挥了重要作用。

当前，中国特色社会主义进入新时代，全国地方志事业也进入新时代。如今的地方志事业围绕党和国家利益、经济社会发展，以人民为中心开拓创新，志、鉴、馆、史“四驾马车”并驾齐驱，志、鉴、馆、网、库、用、会、刊、研、史“十业并举”，加快实现在全国范围内全面推进地方志从一项工作向一项事业转型升级。在党中央、国务院的亲切关怀和各级地方志工作者的共同努力下，一批紧密结合社会发展需求、具有独特创造性的工作逐步开展，涵盖中国名镇志、中国名村志、中国名山志、中国名水志、中国名街志等“名志”系列文化工程是其中代表。作为首个“名志”系列文化工程的中国名镇志文化工程，启动于 2015 年，至今已是第三个年头。中国名镇志丛书在记述主体上，选择中国历史文化名镇、经济强镇、特色镇等在全国具有影响力和代表性的乡镇，旨在全面展示中国名镇的文化精髓；在内容题材选择上，重在突出不同名镇的“名”和“特”，力求集中体现不同名镇最精彩的部分，增强可读性；在志书编纂程序设置方面，志书申报、篇目设计、专家审读、专家组验收等流程环环相扣，紧密结合，力争把每一部志书都打造成精品佳志。

习近平总书记指出：“历史和现实都表明，一个抛弃了或者背叛了自己历史文化的民族，不仅不可能发展起来，而且很可能上演一场历史悲剧。”2018 年是改革开放 40 周年，40 年来中华大地发生了翻天覆地的变化，乡镇发生了极为深刻的改变，从粗茶淡饭到有机食品，从粗布衣裙到精美时装，从土屋平房到高楼大厦，人民生活水平大大提高，城乡差距不断缩小。然而，在感受辉煌成就的同时，我们也应该看到，许多精巧的古建、精湛的工艺、亲切的乡音、独特的乡俗也在快节奏的发展中与我们渐行渐远，曾经的家乡正逐渐变为记忆中的故园。

党的十九大报告提出乡村振兴战略，此后党中央、国务院又推出一系列重大举措。实施乡村振兴战略，必须全面加强乡村文化建设，培养乡村文化自信，培植文化之“根”，铸牢文化之“魂”。没有乡村文化的高度自信，没有乡村文化的繁荣发展，就难以实现乡村振兴的伟大使命。振兴乡村文化，既要塑形，更要铸魂，必须遵循乡村发展的客观规律，在发展中把文化的精髓保留下来，把乡土味道、乡村风貌的“魂”传承下去。在保留优秀乡村文化内核的基础上，用现代表现方式，把反映时代精神、先进理念的内容通过群众喜闻乐见的文化产品表达出来，才能够让乡土文化具有更强大的生命力。用创新性的模式书写乡镇志，传承和抢救乡土历史文化，激发爱国爱乡情怀，为探索中国特色新型城镇化发展经验、发展模式、发展道路提供历史智慧和现实借鉴，正是实施中国名镇志文化工程的目的和意义所在。

“月是故乡明”。中国人素有“家国情怀”，家乡的山水是最为美丽的，家乡的风俗是充满温暖的，一声亲切的乡音，一口熟悉的家乡菜，都能拨动游子的心弦，让其魂牵梦萦。中国名镇志丛书是一套全面梳理中国名镇历史人文，挖掘文化特色，突出“名”和“特”的镇志。它能让人民群众深刻感受到本土本乡自然的优美、历史的醇厚、人物的杰出、艺文的风雅等，有助于培养人民群众对家乡文化的自信，激发起人民群众浓烈的爱乡爱国情怀，助力国家新型城镇化建设和乡村振兴战略的实施。

是为序。

中国社会科学院院长
中国地方志指导小组组长　谢伏瞻

序二

连绵不断地编修地方志是我国特有的文化传统，为传承中华文明作出了巨大的贡献。在党中央、国务院的高度重视和支持下，这一古老的文化传统焕发勃勃生机，展现新的活力，成为保存、继承、发扬光大中华优秀传统文化的重要依托，培育和践行社会主义核心价值观的重要媒介，社会主义先进文化建设的重要组成部分，发展中国特色社会主义，增强道路自信、制度自信、理论自信的重要载体，在实现“两个一百年”奋斗目标和中华民族伟大复兴中国梦进程中具有不可替代的地位和作用。

事物总是在不断发展中前进。经过改革开放以来30余年的发展，中国特色地方志事业与传统的编修地方志已不可同日而语，形成了志（志书）、鉴（年鉴）、库（地情数据库）、馆（方志馆）、网（地情网站）、刊（期刊）、会（学会）、研（理论研究）、用（开发利用）等多业并举的新格局。截至2015年10月底，全国编纂完成首轮、二轮省、市、县志书8000多种，编修部门志、行业志、专业志、乡镇村志27000多种，编纂地方综合年鉴2300多种，累计整理旧志2500多种，还编纂出版了大量的地情书，字数以百亿计，形成以反映国情、地情为主要内容，全面系统、持续不断、卷帙浩繁的社会科学成果群。另外，还开通了27个省级网站、230个市级网站、816个县级网站；建成国家方志馆1个、省级方志馆16个、市级方志馆86个、县级方志馆近300个。这些成果，成为国家极为重要的文化资源，是国家文化软实力和公共文化服务体系的重要组成部分。

最近几年，地方志工作的触角在不断延伸，部门志、行业志、专业志、特色志、乡镇村志编纂方兴未艾，成为当前地方志事业发展新的增长点和亮点。特别是乡镇志，兴起了编纂热潮，从自发的民间行为逐渐过渡为政府组织的文化行为，有的省份以政府令形式将其纳入地方志编修范畴，像河南省还以省政府办公厅名义要求全省普修乡镇志。乡镇志并不是一个新生事物，据现有资料可考，宋代常棠所撰《澉水志》是现存最早的一部乡镇志。与省、市、县三级志书相比，乡镇志虽属小志，但意义却不小，特别是在当前国家全力推进新型城镇化建设的背景下，乡镇志的作用更显重要。

启动中国名镇志文化工程，是适应当前新型城镇化建设形势发展需要、地方志事业发展形势需要的重要举措，也是充分发挥地方志存史、资政、育人功能的重要手段。作为最基层行政组织的志书，镇志是最接近中国社会发展变迁的国情、地情记录文本，具有重要的历史文献价值。而作为充分反映本区域自然、政治、经济、文化和社会的历史与现状的资料性文献，镇志又能全面展示发展脉络，摸索发展经验，为探索中国乡镇未来发展方向提供借鉴和参考。当然，对于祖祖辈辈生于斯长于斯的中国人来说，故乡就是一个魂牵梦萦的地方，故乡的情怀终生难忘。留得住乡愁，记得住乡思，充分展示名镇文化魅力，激发爱乡、爱国情怀，正是中国名镇志文化工程题中应有之义。

是为序。

中国社会科学院原院长
中国地方志指导小组原组长 王伟光

序三

“国有史，邑有志”，中国自古就有注重编史修志的传统。按照我国目前地方志行政法规，国家各级地方志机构的法定职责是编纂省、市、县三级志书，并不包括县以下的乡镇志和村志。这种规定，一方面可能因为全国有数百万自然村落和数万乡镇，全部实行官修很难实现；另一方面可能因为我国历史上就有“皇权止于县”的说法，县以下的民间社会历来是一个以自治为主的领域。然而，改革开放几十年来，我国社会正在发生巨变，这种巨变在基层社会的乡镇、村落、家庭领域更为深刻。作为“乡之首，城之尾”的镇，逐渐被日益崛起的大都市淹没了光彩，村落在快速的城镇化过程中每天都在大量消失，农村家庭的小型化、空巢化趋势非常突出。在这种情况下，我一直在思考，如何留得住历史文化记忆和乡愁，如何把修志的工作向基层社会延伸？

中国人的“家国情怀”，是从“诚意、正心、修身”开始，到实现“齐家、治国、平天下”。所以从国家一统志，省、市、县三级志，到乡镇志、村志、家谱，也是一个完整的系统。

正是在这种背景下，我们决定启动中国名镇志文化工程。乡镇是无数中国人生命的底色和成长的摇篮。如何在城镇化进程中，留得住乡愁，记得住乡音，忘不了乡思，事关城镇化进程的人文关怀和文化保护，事关文化血脉的传承。同时，科学记录城镇化进程，反映城镇化成就，也为今后探索城镇化发展规律、积累经验提供了基本素材。作为全面系统记述一定行政区域的自然、政治、经济、文化和社会的资料性文献，志书是以上功能最好的载体。

我国目前有 4 万多个乡镇，全部修乡镇志还不具备条件。中国名镇志丛书选择的是传统文化名镇、历史军事重镇、革命历史名镇、民族特色名镇、特色经济名镇、旅游景观名镇等类型的乡镇，应该是最具代表性的，在中国乡镇文化传承和社会发展中具有标杆意义。

编纂中国名镇志丛书是对乡土历史文化的保护。随着城镇化进程加快，有不少乡镇被撤并，有些还是在历史上有重要意义的历史文化名镇、特色镇等。如不及时对其历史进行整理、记录，这些重要的历史资料将散佚殆尽。因此，中国名镇志丛书的编纂是对宝贵历史资料的抢救。

编纂中国名镇志丛书是对乡土意识的传承。什么东西有魅力？故乡的山水，乡音乡情的记忆，乡土的气息和家乡菜的味道，不管走到哪里，总是触动心弦。中国名镇志丛书记录的是家乡的山山水水，家乡的历史文化，家乡的风土人情，留住的是乡愁。这些最能激发远方游子和本地民众的爱乡情怀、爱国情怀。

编纂中国名镇志丛书是一种学术探索。镇志的编纂，实质也是一次深入的社会调查研究。“麻雀虽小五脏俱全”，相比省、市、县，乡镇第一手资料的获得需要付出更大的努力。我们也希望在志书编纂上有所创新，使中国名镇志丛书成为一套图文并茂、雅俗共赏的新型志书。

中国社会科学院副院长
中国地方志指导小组常务副组长　李培林

江苏省常熟市梅李镇志编纂委员会

主　　任　徐海东　张宁江

副 主 任　陆益斌

委　　员　吴建兴　顾君明　陈　勇　朱晓峰

浦方勇　苏文学　冯利明　沈宗明

周琴花　陈伟娟　仲建东　王志明

石　梅

江苏省常熟市梅李镇志编辑人员

主　　编　张宁江

副 主 编　仲建东

编　　辑　吴金华　徐晓英　温　寅　邵兴元

特约编审　陈建东　张　军

摄　　影　苗一峰　姚利忠　王　杨

中国名镇志丛书凡例

一、以马克思列宁主义、毛泽东思想、邓小平理论、“三个代表”重要思想、科学发展观、习近平新时代中国特色社会主义思想为指导，坚持辩证唯物主义和历史唯物主义的立场、观点和方法，存真求实，全面、客观、系统记述中国名镇城镇化进程和改革开放成果，传承和抢救乡土历史文化，激发爱国爱乡情怀，留住乡愁，为探索中国特色新型城镇化建设、服务乡村振兴战略提供历史智慧和现实借鉴。

二、为全面反映入志事物发展脉络，各志上限追溯至事物发端，下限一般断至各镇志启动编修年份，个别重大事项可延至搁笔。详今明古，着重反映时代特色和地方特点，重点体现各镇的“名”与“特”。

三、记述地域范围以下限年份的行政辖区为主。为体现名镇在更大区域内的意义，可以从更开阔的区域视野记述与该镇相关的内容。

四、统一采用纲目体，设类目、分目、条目三个层次。横排门类，纵述史实，述而不论。

五、综合运用述、记、志、传、图、表、录等各种体裁，以志体为主。体裁运用适当创新，篇目设置不求面面俱到，一般意义上的乡镇级内容略去不载。

六、除引用文字和附录文献资料外，统一使用规范的现代语体文记述，行文力求朴实、严谨、简洁、流畅、优美，具有较强可读性。

七、人物部类遵循“生不立传”原则，人物传主按生年排序，只选录对本镇发展有重大影响的人物，不面面俱到。

八、各项数据一般采用国家统计部门数据。数据缺乏的，采用主管部门或主办单位正式提供的数据。

九、数字用法、标点符号、计量单位分别执行国家标准《出版物上数字用法》（GB/T 15835—2011）、《标点符号用法》（GB/T 15834—2011）、《国际单位制及其应用》（GB 3100—1993）和《有关量、单位、符号的一般原则》（GB 3101—1993）。历史上使用的计量单位，如斗、石、里、尺、磅、华氏度等，在引文时可照录。考虑到社会使用习惯，全书中亩不统一换算。

十、中华民国成立前的纪年，使用朝代年号纪年，括注公元年份；中华民国成立后的纪年，均使用公元纪年。志中所称“解放前（后）”，以该镇解放日为界；“新中国成立前（后）”，以中华人民共和国成立日 1949 年 10 月 1 日为界；“改革开放前（后）”，以 1978 年 12 月中共十一届三中全会召开为界。本志“××年代”，凡未加世纪者，均指 20 世纪。

十一、为节省篇幅，避免重复，本志采用条目互见法。参见条目的表示形式为：参见本志“××类目·××分目·××条目”。

十二、对旧志、古籍中的繁体字、冷僻字一般用简化字或通用字替换，易引起误解的则保留。

十三、记述各个历史时期的党派、机构、职务、地名等，均以当时的名称为准。对频繁使用的名称，首次用全称并括注简称，其后用简称。

十四、各镇志需要单独说明的事项，均在各自编纂始末中记述。

梅李镇在中国的位置

黑龙江省
哈尔滨
吉林省
长春
辽宁省
沈阳
内蒙古自治区
呼和浩特
新疆维吾尔自治区
乌鲁木齐
北京
北京市
天津市
天津
河北省
石家庄
山西省
太原
山东省
济南
甘肃省
兰州
宁夏回族自治区
银川
青海省
西宁
陕西省
西安
河南省
郑州
江苏省
南京
常熟
梅李镇
上海
上海市
安徽省
合肥
湖北省
武汉
浙江省
杭州
西藏自治区
拉萨
四川省
成都
重庆市
重庆
湖南省
长沙
江西省
南昌
福建省
福州
台湾省
台北
台湾岛
钓鱼岛
赤尾屿
贵州省
贵阳
云南省
昆明
广西壮族自治区
南宁
广东省
广州
香港
澳门
东沙群岛
海南省
海口
海南岛
西沙群岛
永兴岛
中沙群岛
黄岩岛
南沙群岛
曾母暗沙
渤海
黄海
东海
南海
黄河
长江
图例
北京 首都
天津 省级行政中心
未定 国界
省、自治区、直辖市界
特别行政区界
名镇(乡)所在区域
名镇(乡)
1∶32 000 000
审图号：GS（2018）5807号

梅李镇在江苏省的位置

审图号：GS（2018）5807 号

梅李镇地图

梅李镇位置图

海虞镇
碧溪街道
常福街道
梅李镇
虞山街道
常熟市
尚湖镇
琴川街道
古里镇
董浜镇
莫城街道
东南街道
支塘镇
沙家浜镇
辛庄镇

海洋泾口
海虞镇
碧溪街道
古里镇
董浜镇
梅李镇
赵市
海城
圩港
师桥
瞿巷
聚沙
梅李
胜法
天字
梅南
塘桥
寨角
珍北
珍门
珍南
新丰
沈市
常熟互通
董浜互通
董浜枢纽
董浜南枢纽
S338
S227
S38 常合高速
G15W 常合高速
G204

图例

★	镇政府驻地	· · — —	镇级界
⊙	村委会驻地	S38	高速公路
⊙	社区驻地	G204	国道
○	自然村	S227	省道
	河流		规划铁路
	互通		高架道路
	收费站		普通道路

图内界线不作实地划界依据

审图号：图苏E审（2018）016号
江苏图博地理信息科技有限公司
苏州图博地图应用开发中心 编绘
责任主编：王伟龙 电话：0512-57576767

聚沙塔影（2011 年）

聚沙园（2016 年）

白龙潭鸟瞰（2017 年）

蔬菜生产基地（2017 年）

梅李镇全景（2016 年）

胜法村（2017 年）

天字村（2016 年）

梅李东街（2017 年）

健康社区

中国人居环境范例奖

国家卫生镇

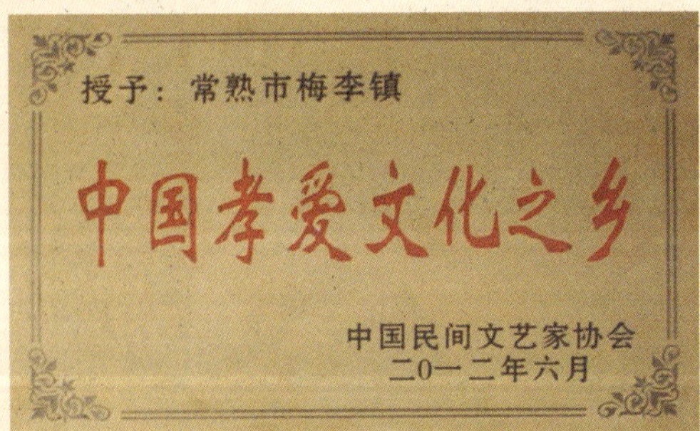

中国孝爱文化之乡

中国孝爱文化传承基地

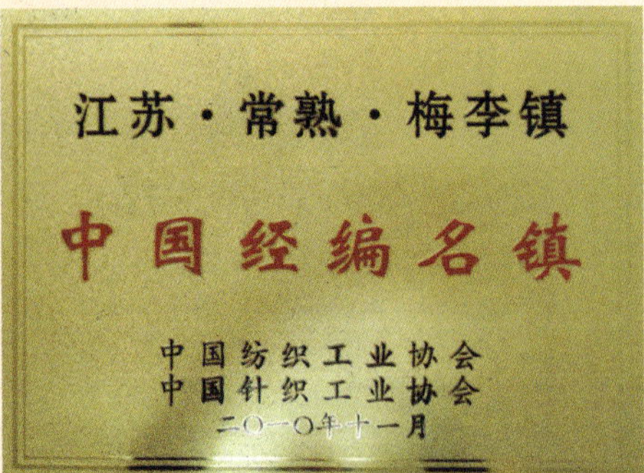

中国经编名镇

中国绒类产品生产基地

目录

1 聚沙成塔　孝爱梅李

3 **千年风韵**
4 **孝爱淳风**
5 **红色热土**
6 **人才辈出**
7 **经济强镇**
8 **生态宜居**

11 基本镇情

13 **建置　区划**
13 建置沿革
14 社区
15 行政村
17 **区位　交通**
17 地理位置
17 交通
18 **自然环境**
18 地貌
18 河流
19 气候
20 **人口　姓氏**
20 人口总量
21 外来人口
21 民族
21 人口结构
21 姓氏
22 **经济发展**
22 镇域经济
23 农业
23 工业
23 服务业
23 财政收入
23 **社会事业**
23 科技

23 教育
25 文体
27 医卫
27 社保

29 经编名镇

31 **经编历程**
31 经编起步
32 经编发展
34 经编提升
35 **经编平台**
35 轻纺工业园
35 纺织科技城
36 经编分会
37 政府服务
37 **经编产品**
37 主要产品
38 名牌产品
39 特色产品
39 产品标准
40 **装备与产能**
40 主要装备
40 产能

43 宜居小镇

45 **镇村规划**
45 总体规划
45 专项规划
46 **基础建设**
46 基础设施
47 街区建设
48 公共设施
50 **美丽家园**
50 示范村庄
52 居住生活区
55 休闲活动区
57 **生态环境**
57 河道景观
57 绿化景观
60 绿色建筑
61 **功能设施**
61 文化设施
63 教育设施
64 健身设施
65 医养设施
66 **民生保障**
66 教育

67 就业
67 社会保障
67 医疗卫生
67 社会管理

69 现代农业

71 **建设发展**
71 基础概况
72 发展规划
73 项目建设
74 **优质粮源区**
74 标准农田
74 规模经营
75 互联网 + 合作社
75 科技指导中心
76 **精品蔬果区**
76 蔬菜基地
77 示范基地
82 葡萄基地
83 合作组织
84 为农服务中心
85 **多元农业区**
85 休闲农业
87 红豆树基地
87 畜禽养殖基地
88 **加工商贸区**
88 交易市场
88 加工项目
89 电子商务中心

91 文物古迹

93 **文物保护单位**
93 聚沙塔
100 刘神堂
102 爱口精庐
103 张氏古宅
104 月河桥
105 涌金桥
105 抗日碉堡
105 **控制保护建筑**
105 梅李北街 71 号、73 号民居
107 梅李西街 40 号民居
107 **古遗迹**
107 冈身
107 贝堤
107 泻湖

108 北罗墩
108 青墩
108 古战场
109 江堤
109 **古河道**
109 盐铁塘
112 梅李塘
113 海洋泾
113 **古寺庙**
113 吉祥禅寺
115 福缘寺

117 孝爱之乡

119 **“二十四孝”在梅李**
119 扇枕温衾
120 哭竹生笋
122 刻木事亲
123 **孝爱事迹**
123 古代孝子
124 当代典型
128 **孝爱组织**
129 孝爱文化研究会
129 孝爱志愿者
130 孝爱课程基地
130 “孝和梅李、幸福家庭”指导中心
130 **孝爱设施**
130 孝廉广场
131 孝爱文化长廊
132 孝爱馆
132 孝廉教育馆
132 张太夫人纪念馆
133 其他设施
133 **孝爱活动**
133 孝爱评选
137 孝爱征文
137 孝爱活动

141 风土民情

143 **非物质文化遗产**
143 梅李木桶酱油酿造技艺
144 梅李龙园会书
145 梅李饭粢糕制作工艺
145 梅李老土布
146 梅李竹编
146 梅李灯会

147 梅李木杆秤制造技艺
148 **岁时习俗**
148 新年
149 元宵
149 二月二
149 二月十二
149 清明
149 立夏
149 端午节
150 夏至
150 七夕
150 中元节（七月半）
151 地藏王生日
151 中秋节
151 重阳节
151 十月朝
151 冬至
151 十二月二十四
151 除夕
152 **民间礼仪**
152 婚嫁
153 喜庆
155 丧葬
156 **方言土语**
156 俗语
159 歇后语
161 谚语
163 **特色物产**
163 东乡一品锅
165 清蒸长江刀鱼
165 梅李番瓜
166 酒酿饼
166 定胜糕
167 雪糊
167 梅李花边

169 **艺文杂记**

171 **诗赋**
171 胜法寺
171 过珍门庙
171 寨角
172 胭脂墩
173 建文石
173 文宁自梅林移居故宅赋此以赠
173 梅李灯
173 念奴娇·金秋珍门新貌
173 贺梅李小学百年华诞

174 **散文**
174 谈艺录
178 怀念龙园的瞿老四
180 乡关何处——“何村的故事综合艺术展”引言
184 **碑记**
184 梅李塘碑
185 建梅里书院记
187 重修通海桥记
187 新建大悲阁记
188 福寿庵记
189 颐真馆古树碑记
190 **杂记**
190 梅李最早的中药店
191 翁同龢与梅李张家
192 梅李最早的报纸——《虞东三日刊》
192 梅李大桥的演变
194 **梅李历代里人著作**

199 名人与名镇

201 **人物传略**
201 许光国
201 王伯广
202 王鼎
202 徐祯卿
203 顾柄
204 章士雅
204 盛元珍
205 黄廷鉴
205 金得顺
206 王守明
206 胡文藻
207 徐念慈
207 范和钧
208 李建模
208 徐苏恩
209 温肇桐
209 任天石
210 薛惠民
211 徐循初
211 徐永元
212 **名人与梅李**
212 瞿硎、支遁梅李论道
212 梅世忠、李开山与梅李镇
213 韩世忠驻军梅李
213 康基田兴办梅里书院

214 乱世良医任天石
215 谢飞战斗在梅李
215 评弹名家在龙园
217 科举进士

219 大事纪略

221 1928 年江南第一个信用合作社在梅李成立
222 “艺丝社”和《艺丝》周刊的始末
222 1934 年建立梅李第一个中共党支部
223 1937 年日军侵略梅李
224 1938 年重建中共常熟县委
225 1938 年“民抗”在梅李诞生
226 1939 年寨角战斗
226 1944 年苏常太武工队成立
227 1997 年梅李镇成为江苏省首批新型示范小城镇
228 1999 年梅李、赵市、珍门三镇合并
228 1999 年梅李镇成为江苏省首批环境与经济发展示范镇
229 2010 年梅李镇成为江苏省首批强镇扩权试点镇
230 2014 年梅李镇获“国家园林城镇”称号
230 2014 年梅李镇成为常熟市首个世界级“健康社区”
231 2015 年农业部带领太平洋岛国农业官员到梅李参观
232 2016 年梅李镇与马来西亚沙巴州兵南邦县缔结友好乡镇
233 2017 年中央电视台《传奇中国节 · 中秋》特别节目走进梅李

235 主要参考文献

237 编纂始末

聚沙成塔　孝爱梅李

梅李是水乡，典型的江南水乡，古老的盐铁塘和梅塘在镇区中心几乎垂直交汇。至善至美的水，千年流淌，逝者如斯，不舍昼夜。

梅李有古刹，神秘的千年古刹，其优美的传说和三国吴时代紧密联系在一起。至灵至性的寺，令人神往，几度夕阳，风姿依旧。

梅李有宝塔，古朴的南宋宝塔，其挺拔的身姿见证了境域千百年沧海桑田变化。至大至刚的塔，巧夺天工，历经千载，巍然屹立。

水、寺、塔，线、面、点的合理布局和完美结合，构成了一道靓丽的风景线。这是人与大自然的天作之合，是镇与人的千秋之约，凸显了镇之雄、地之要、景之奇，形成了千年古镇梅李特有的风韵。

梅李镇位于常熟市东北部，东靠上海，南濒苏州，西邻无锡，北依黄金水道长江，与南通市隔江相望，地理位置优越。梅李镇向以悠久的历史、淳朴的民风、多彩的人文、繁华的工商业而著称，近年来先后获评世界级“健康社区”、中国人居环境范例奖、国家园林城镇、国家卫生镇、国家级生态镇、国家建设宜居小镇、全国特色景观旅游名镇、中国经编名镇、中国绒类面料生产基地、中国孝爱文化之乡和孝爱文化传承基地、江苏省文明镇、江苏省现代化新型示范小城镇、江苏省环境与经济协调发展示范镇等荣誉称号。2012 年，梅李镇还被列为江苏省经济发达镇行政管理体制改革试点镇、苏州市城乡一体化发展综合配套改革试点工作先导区、苏州市美丽城镇建设示范点，成为镶嵌在苏南大地上的一颗璀璨明珠。

千年风韵

梅李之地，形成于 6000 年前的江南高沙平原之中。70 年代考古资料表明，距今 4500 年的梅李塘桥村北岁墩古文化遗址，其出土的灰砂陶甑、肩刀石等，证明新石器时期已有人类在此生息繁衍，为环太湖流域一处良渚文化遗址。西汉吴王刘濞开凿的横贯梅李境域南北的盐铁塘，成为常熟最早的行政建置虞乡和南沙乡诞生的摇篮。

两晋时，梅李分属海虞、南沙两县。隋时，属常熟县。唐时，梅李境域分属常熟县太平、升平、端委、敦行、开元、思政等乡。五代十国时期的吴越国天宝元年（908），吴越王钱镠遣将梅世忠、李开山驻军于此，以防江北南唐兵。乡人随即在此聚居，不久居民依军成市，后取两将之姓，名其地曰“梅李”。北宋元丰年间（1078—1085），梅李升格为镇，为当时常熟县仅有的三镇（福山、庆安、梅李）之一。至明代晚期，赵市、珍门形成集市。至清雍正四年（1726），常熟县分设为常熟与昭文两县，梅李地区属昭文县。

聚沙塔园（2017 年）

1911 年辛亥革命后，梅李地区复归常熟县。1934 年，梅李地区置梅李镇及师德、赤乌、聚沙、竹丝、珍门、沈市、赵市、师桥等乡。新中国成立后，境内置梅李、聚沙、赤乌、赵市、何村、圩港、珍门、沈市等乡。1957 年，合并为梅李、赵市、珍门三个乡。1958 年 10 月，梅李、赵市、珍门都成立人民公社。1983 年复为乡制。1986 年梅李撤乡建镇。之后，赵市、珍门先后撤乡建镇。1999 年 6 月，梅李、赵市、珍门三镇合并为新的梅李镇。梅李开始了新的发展征程。

孝爱淳风

梅李是享誉全国的孝爱之乡。据清代邑人庞鸿文《常昭合志》记载："古俗所传二十四孝，吾邑竟居其三，又皆在梅李，奇矣！"这里所谓的"三孝"，是指在梅李广泛流传的古代“二十四孝”中的黄香扇枕温衾、丁兰刻木事亲、孟宗哭竹生笋孝爱故事。有史料记载的梅李孝爱人物还有清乾隆年间旌表，入海漂流、千里寻父、哭树生橘、治愈母疾的方焕先；咸丰年间旌表，母殁三年未见笑容，为救父命被盗匪所杀的钱亮灿；割股和药治愈母疾的温文毅；只身乞食抵陕寻父，因父亡故乃负遗骸束囊而返的管宝；父殁束草卧棺侧两载，母病割股煎药的张润；闻父病星夜归里，途中遇盗被砍伤左手，仍力疾侍亲的邓开洲；母病亲尝汤药，为其洗涤溺器的邓裕明；为母舐目三年，使之复明的周坤；为母温衾吮毒的吴长生等。

进入 21 世纪，梅李镇围绕传承、弘扬“孝爱文化”这一主题，开展一系列孝爱活动，在全镇形成“孝爱、感恩、正义、正气”浓厚氛围。悠远的孝爱文化，得到不断的发扬和光大。2010 年 9 月获“江苏省孝爱文化传承基地”称号，2011 年获“中国孝爱文化传承基地”称号，2012 年 6 月获“中国孝爱文化之乡”称号。弘扬孝爱，传承家风，凝聚大爱，梅李的孝爱文化积淀涓滴成流。梅李把“孝爱文化”融进社会主义核心价值观之中，会入华夏文明的大交响乐中。

红色热土

新民主主义革命时期，梅李是中国共产党领导的地下革命斗争的重要根据地。早在土地革命时期，梅李就有了党的组织，并积极开展革命活动。抗日战争时期，中共常熟县委在梅李重建。在常熟地区，由中国共产党领导的第一支人民抗日武装——常熟人民抗日自卫队（以下简称“民抗”）于 1938 年 8 月在梅李塘桥周家宅基诞生。“民抗”创建人李建模、任天石、薛惠民，以及朱爱秾、徐政等梅李人民的优秀儿女，为了国家的独立、民族的解放，用热血和生命谱写了气吞山河的壮丽篇章。在中共江苏省委的直接领导下，“民抗”以梅李一带为基地，开辟了敌后抗日游击区。1939 年 5 月，新四军六团以“江南抗日义勇军”（以下简称“江抗”）名义东进常熟，“民抗”和常熟地方抗

“民抗”成立旧址（2008 年）

日武装“新六梯团”密切配合，狠狠打击了敌伪顽匪武装，建立和巩固了抗日游击根据地，开展轰轰烈烈的斗顽抗日运动。1944 年，苏常昆太武装工作队成立，梅李地区建立武工小组，恢复农村基层党组织。解放战争时期，在中国共产党的正确领导下，经过艰苦卓绝的斗争，粉碎国民党反动派的全面清剿，迎来梅李的新生。1949 年 4 月 27 日，数百名武工队员分水陆两路，从梅李出发向常熟城区挺进。从此，这一天成为常熟解放的日子，永载史册。

人才辈出

梅李自开埠至今的 1100 多年中，涌现了众多名人名士。宋代名士王伯广，善诗文，骈文尤脍炙人口；明代“天才少年”徐祯卿，虽在世仅 33 年，但其诗歌作品及诗学理论却卓绝超然，被列入“吴中四才子”和“弘治十才子”；为官刚正清廉、诗书画俱佳的刘珏，与名宦况钟齐名；清代盛元珍被誉为“南方夫子”。近现代，梅李更是人才济济，带头抗捐农民首领金得顺；当代“孟尝君”景大鸿；“常熟绣王”王守明；爱国志士沈鹏；乌铜嵌银丝工艺大师陆志刚；中国科幻小说先驱徐念慈；进步新闻工作者王永德；著名公共卫生、学校卫生和健康教育专家徐苏恩；中国著名美术教育家和美术史论家温肇桐；中华人民共和国国家标准《城市道路交通规划设计规范》主要编纂成员、《城市道

梅李镇新天地广场鸟瞰（2016 年）

路交通》等文献的参编者徐循初；曾任中共中央秘书局副局长兼局机关党委书记、中共十六大秘书组副组长和会务组组长的徐永元等。特别值得一提的还有：在中国电工导电材料及其裸电线研究领域做出重要贡献的中国工程院院士黄崇祺；中国现代大气物理学杰出的学术带头人、中层大气物理和大气遥感的创建者之一、中国科学院院士吕达仁。据史料统计，自宋至今，梅李共出了进士 11 名、举人 14 名，名人墨客更是不胜其数。他们或工诗文，或擅书画，或通音律，或精工艺，或从政，或从高科技，或从教育，他们或题咏祖国的壮丽山河，或赞美家乡的如画风光，或丹青妙手泼墨挥毫，于信手拈来之间留下的众多文化遗产，为国家科技事业和常熟文化宝库增光添彩。

经济强镇

自元代开始，随着棉花种植的引入，梅李因其便利的水陆交通，渐渐成为常熟东乡地区棉花生产和加工的集散地，知名的“土布”生产地。因棉花为银白色，随即有了“银梅李”的美誉。久而久之，梅李成为常熟东乡大镇，“东乡十八镇，梅李第一镇”，声名远播。

进入21世纪，梅李镇大力开发蔬菜生产，提升水稻产业。2014年，建成1.3万亩标准化设施蔬菜示范基地，分别被列为苏州市蔬菜重要生产基地、江苏省菜篮子工程生产基地，年产各类蔬菜12万吨，总产值近2亿元。建成1.8万亩高标准水稻示范区，已成为中央财政旱涝保收高标准农田示范重点县项目。

在高度重视农业发展的同时，工业也蒸蒸日上。装备制造业是梅李经济的中流砥柱。大型成套设备及部件制造是核心，汽车零部件、特种设备、现代通信装备是配套。经编产业是梅李镇的特色产业。开创于90年代初的梅李经编，经过20多年的发展，已形成集原料、织造、印染、后整理和终端产品于一体，以装饰面料、家纺面料、服装面料为主要产品的较为成熟的产业集群，已成为名副其实的"中国经编名镇""中国绒类产品生产基地"。

"虚实共生"的孵化体系，是梅李镇经济的新兴行业。梅李镇科技创业中心是国家级科技企业孵化器、江苏省中小企业星级服务平台、苏州市创业孵化示范基地。

"色香俱全"的服务业，是梅李镇经济的重要组成。梅李集镇已形成梅东路、梅西路、恒丰街、通江路四条商业街区，新天地广场、良基商城两个商圈。梅李镇是常熟"东乡蒸菜"之乡，"梅林酒家"2014年获评"中国蒸菜之乡研发基地"称号，其"一品锅"蒸菜因"汤清、气香、味鲜、形美"被誉为常熟"佛跳墙"。2017年，梅李镇服务业开票收入95.5亿元。

2017年，梅李镇实现地区生产总值82.74亿元，固定资产投资19.17亿元。工业销售收入352.67亿元。到账外资1781万美元。社会消费品零售总额30.16亿元。完成一般公共预算收入8亿元。

生态宜居

梅李，又是一个生态宜居的江南小镇。重视规划和编制规划是梅李小城镇建设的重要特点。早在80年代，梅李镇就开始编制《梅李镇建设总体规划》，指导集镇建设。跨入 21 世纪，梅李镇按照“北部工业区、南部居住区、西部古镇区、东部新镇区”的规划格局，通过走科学化、集约化、特色化发展道路，把美丽城镇建设与实际相结合，着力打造“人口集聚、产业集群、体制创新、环境友好、人民富裕、社会和谐”的现代化新型城镇。2013—2015 年，三年累计投入资金 9.3 亿元，完成项目 87 项。至 2017 年年末，已建成天和佳苑、师德华府、兆丰佳苑、珍南佳苑、聚沙佳苑等安置小区 7 个。总建筑面积超 57.98 万平方米，已安置入住 1061 户。镇区内商业金融、文化娱乐、体育、教育、医疗保健等设施齐备。“六纵六横”的主干道路框架已经形成，“一路一品”和“一路一景”的景观建设已经到位。建成区绿化覆盖率达 40%，城镇人均占有绿地面积超 18 平方米。供水、供电、供气、供热、污水处理配套设施合理、齐全。镇中心区已初步形成了以“古镇保护区”“核心商贸区”“生活住宅区”“疗养保健区”四大核心区为主要格局的生态、绿色、宜居环境。2015 年，获住房城乡建设部“宜居小镇”称号。

巍巍聚沙塔，悠悠盐铁塘。福地梅李，千年风韵。流金岁月里典藏着厚重的历史，风华绝代中洋溢着改革的气息。未来的梅李镇，必将更富魅力，更具特色，更加宜人！

清水河（2017 年）

基本镇情

梅李镇开埠已有 1100 余年，是常熟市东部的交通经济重镇。全镇总面积 80.84 平方千米，人口逾 8 万人。

建置 区划

建置沿革 唐代,《吴地记》后集记载:“常熟县十二都：积善、开元、太平、感化、南沙、崇素、端委、归政、双凤、思政、郭行、升平。”原梅李一地属于开元，赵市一地属端委，珍门地属开元、思政。

宋代，常熟县辖九乡三镇，梅李为三镇之一，仍属开元乡，赵市仍属端委乡，珍门仍属开元、思政乡。

元代元贞元年（1295），常熟县升为常熟州，改里为图，乡以下设场、都、图。梅李一地属东二场二十都和东三场二十五都；赵市地属二十都及二十一都；珍门属东二场二十六都、二十七都。

明洪武二年（1369），常熟州复为常熟县，梅李、赵市、珍门三地的建置未变。

清雍正四年（1726），划常熟县东境设昭文县，梅李一地属昭文县开元乡，赵市地属昭文县端委乡，珍门地属昭文县思政乡。宣统二年（1910）推行地方自治，常塾、昭示两县划分为35个市乡，置梅李市，下辖梅李、河小坝、特鸾浜、寨角、珍门庙、赵市、先生桥、何村等地。

1912年，常熟县仍为35个市乡。梅李、赵市、珍门建置未变。

1929年，常熟县划为15个区。梅李市隶属于梅塘区，赵市、珍门大部属梅塘区梅李市。

1934年，梅李设区（第二区），区公所驻地梅李集镇，原赵市属梅李区赵市乡，原珍门部分区域属梅李区珍门乡。

1940年，梅李乡改称梅李区，区公所设在梅李镇。赵市一地有9个小乡，珍门乡、万善乡属梅李区。

1946年，常熟县扩并乡镇。梅李区扩并为5个镇8个乡。赵市乡、珍门乡大部仍属梅李区管辖。

梅李镇政府大楼（2017 年）

1949 年 4 月，常熟解放。梅李一地为梅李镇和塘桥乡。赵市、珍门属梅李镇。

1958 年 10 月，梅李、赵市、珍门分别改称梅李人民公社、赵市人民公社、珍门人民公社。

1983 年，恢复乡建置，复称为梅李乡、赵市乡、珍门乡。

1986—1994 年，又分别撤乡建镇，改为梅李镇、赵市镇、珍门镇。

1999 年 6 月，梅李、赵市、珍门三镇合并，成立新的梅李镇。镇人民政府设在梅李集镇。至 2017 年年末，全镇下辖梅李、赵市、珍门 3 个社区，胜法、塘桥、寨角、梅南、聚沙、天字、赵市、师桥、海城、圩港、瞿巷、珍北、珍南、新丰、沈市 15 个村。

社区

梅李社区 位于梅李镇人民政府驻地梅李镇，辖区总面积 5 平方千米。2017 年社区居民小组 52 个，2372 户，5933 人，梅李社区居委会所在地为梅李全镇的经济、文化中心。

赵市社区 位于梅李镇北端，距梅李集镇约 5 千米。辖区总面积 2.5 平方千米。2017 年，社区计有集镇、散居 2 个居民小组，456 户，921 人。赵市社区为原赵市镇人民政府所在地。该地紧靠长江岸线，是品尝长江江鲜的好去处。

珍门社区 位于梅李镇南端，距梅李集镇约 3 千米。珍门社区为原珍门镇政府所在地。因“珍门庙”而得名“珍门”。2017 年辖区有 5 个居民小组，361 户，834 人。辖区总面积 1.8 平方千米。

行政村

1999 年以来，梅李镇先后对行政村进行六轮合并。至 2017 年，全镇行政村由 49 个合并为 15 个。（条目内数据均为 2017 年年末数据）

胜法村 位于梅李镇西北，因境内曾有江南名刹胜法寺而得名。有村民小组 50 个，在册户数 1906 户，户籍人口 6484 人，暂住人口 2100 人。总面积 5.98 平方千米，耕地面积 80 亩。该村绝大部分区域为工业区、住宅区。村级经济年收入 1279 万元，村民人均年收入 37689 元。村级总资产 7794 万元。获 2013—2015 年度江苏省文明村。

塘桥村 位于梅李镇西，分别与海虞镇、古里镇相邻。有村民小组 29 个，在册户数 975 户，户籍人口 3244 人，暂住人口 824 人。总积 4.7 平方千米，耕地面积 2313.34 亩，主要农作物为水稻。村级经济年收入 751 万元，村民人均年收入 35055 元。村级总资产 3757 万元。该村为梅李万亩水稻示范区之一。村内的周家宅基为“民抗”成立地。

寨角村 位于梅李镇西南侧，与古里镇接壤，因宋代名将韩世忠曾屯兵扎寨于此而得名。总面积 5.98 平方千米，耕地面积 3767.3 亩，为梅李镇主要水稻生产村之一。有村民小组 28 个，在册户数 1469 户，户籍人口 5127 人，暂住人口 361 人。村级经济年收入 986 万元，村民人均年收入 34506 元。村级总资产 7583 万元。域内有 600 多亩水面积，为梅李镇之最。

梅南村 位于梅李镇南。总面积 3.3 平方千米，耕地面积 1631.8 亩。有村民小组 32 个，在册户数 1107 户，户籍人口 3595 人，暂住人口 3180 人，为外来人员较为密集的村。村级经济年收入 683 万元，村民人均年收入 33105 元。村级总资产 2692 万元。域内有农副产品批发市场。

聚沙村 位于梅李镇东侧，与碧溪新区相连。总面积 3.50 平方千米，耕地面积 3048.01 亩。有村民小组 32 个，在册户数 1529 户，户籍人口 5133 人，暂住人口 4900 人。村级经济年收入 623 万元，村民人均年收入 37509 元。村级总资产 6686 万元。域内有现代农业示范区。

天字村 位于梅李镇集镇东北，紧靠集镇。村域总面积 5.53 平方千米，耕地面积 1238.2 亩，绝大部分土地已成为工业园区、住宅区、集镇区。有村民小组 58 个，在册户数 1838 户，户籍人口 6378 人，暂住人口 3400 人。村级经济年收入 1513 万元，村民人均年收入 41134 元。村级总资产 12450 万元。为苏州市先锋村。

赵市村 位于梅李镇赵市集镇区，与海虞镇相连。村域总面积 6.68 平方千米，耕地面积 1951.41 亩。有村民小组 69 个，在册户数 2015 户，户籍人口 6765 人，暂住人口 5200 人，为梅李镇最多的暂住人口集聚区之一。村级经济年收入 1028 万元，村民人均年收入 35310 元。村级经济总量 6419 万元。为梅李镇赵市片区近年来的主要搬迁区域。

师桥村 位于梅李镇北侧，濒临长江，因境内有“先生桥”小集镇而得名。村域总面积 7.58 平方千米，耕地面积 4828.6 亩。有村民小组 72 个，在册户数 2093 户，户籍人口 7022 人，暂住人口 3348 人。为梅李镇人口最多、面积最大的村。村级经济年收入 832 万元，村民人均年收入 36659 元。村级总资产 3217 万元。域内有长江岸线 1.2 千米。

圩港村 位于梅李镇北端，与海虞镇接壤。村域总面积 4.63 平方千米，耕地面积 3023.53 亩。有村民小组 34 个，在册户数 1447 户，户籍人口 4705 人，暂住人口 6008 人。暂住人口超过了本地人口。村级经济年收入 767 万元，村民人均年收入 35529 元。村级总资产 3270 万元。

瞿巷村 位于梅李镇北，濒临长江。村域总面积 1.1 平方千米，耕地面积 856.68 亩。有村民小组 12 个，在册户数 418 户，户籍人口 1554 人，暂住人口 106 人。村级经济年收入 705 万元，村民人均年收入 36961 元。村级总资产 7051 万元。该村为皮具之村。以生产各类箱、包、票夹等皮革制品而闻名，称为“皮具之村”，2015 年获苏州市“美丽乡村”称号。

海城村 位于梅李镇北，濒临长江。村域总面积 5.82 平方千米，耕地面积 3838.8 亩。有村民小组 49 个，在册户数 1344 户，户籍人口 4582 人，暂住人口 3416 人。村级经济年收入 634 万元，村民人均年收入 33858 元。村级总资产 4732 万元。该村的主要特色是孵化小鸡、小鸭，供应市场。

珍北村 位于梅李镇东南。村域总面积 6.48 平方千米，耕地面积 6036.87 亩，是梅李镇耕地面积最大的村。有村民小组 59 个，在册户数 1476 户，户籍人口 5102 人，暂住人口 742 人。村级经济年收入 819 万元，村民人均年收入 29287 元。村级总资产 4367 万元。该村有现代化农业示范区、特色葡萄产业园区。

珍南村 位于梅李镇东南，地势较低洼。村域总面积 5.35 平方千米，耕地面积

3650.48 亩。有村民小组 41 个，在册户数 976 户，户籍人口 3642 人，暂住人口 408 人。村级经济年收入 447 万元，村民人均年收入 32752 元。村级总资产 3056 万元。该村为梅李镇万亩水稻生产区之一。

新丰村 位于梅李镇最南端，与董浜镇相接。域内总面积 6.48 平方千米，耕地面积 4092.6 亩。主要种植大棚蔬菜和露地蔬菜。有村民小组 35 个，在册户数 1096 户，户籍人口 3729 人，暂住人口 293 人。村级经济年收入 656 万元，村民人均年收入 30913 元。村级总资产 3299 万元。该村为梅李镇现代农业示范区核心区。

沈市村 位于梅李镇南面，因境内有沈市小集镇而得名。与古里镇相邻。村域总面积 7.37 平方千米，耕地面积 5295 亩。有村民小组 59 个，在册户数 1395 户，户籍人口 5267 人，暂住人口 1031 人。村级经济年收入 856 万元，村民人均年收入 34718 元。村级资产 4178 万元。该村为常熟市万亩高标准粮田保护区之一。

区位 交通

地理位置 梅李镇地处北纬 31° 42′、东经 120° 52′，位于常熟市东北部。东与常熟市碧溪街道接壤，南连常熟市董浜镇、古里镇，西与海虞镇相接，北临长江。

交通 梅李镇距常熟主城区 12 千米，距常熟港区 10 千米，在上海 1 小时核心经济圈内。梅李历史上就以区位优越、交通便利享誉一方。域内有沿江高速公路、省道 338 线（一级公路）、省道 227 线（一级公路）、常浒公路（二级公路）、支福公路（二级公路），形成便捷的交通网络。东至上海仅 80 千米，西至苏州约 40 千米，北至无锡不足 50 千米，均可在 1 小时内抵达。至上海虹桥机场只需 1 小时车程，至无锡苏南国际机场仅需半个多小时。在建的沪通铁路穿镇而过。横贯南北的盐铁塘，沟通东西的常浒河为域内主要河道，既是排灌泄洪通道，更是水上交通运输要道，为人们的生产、生活带来便利。

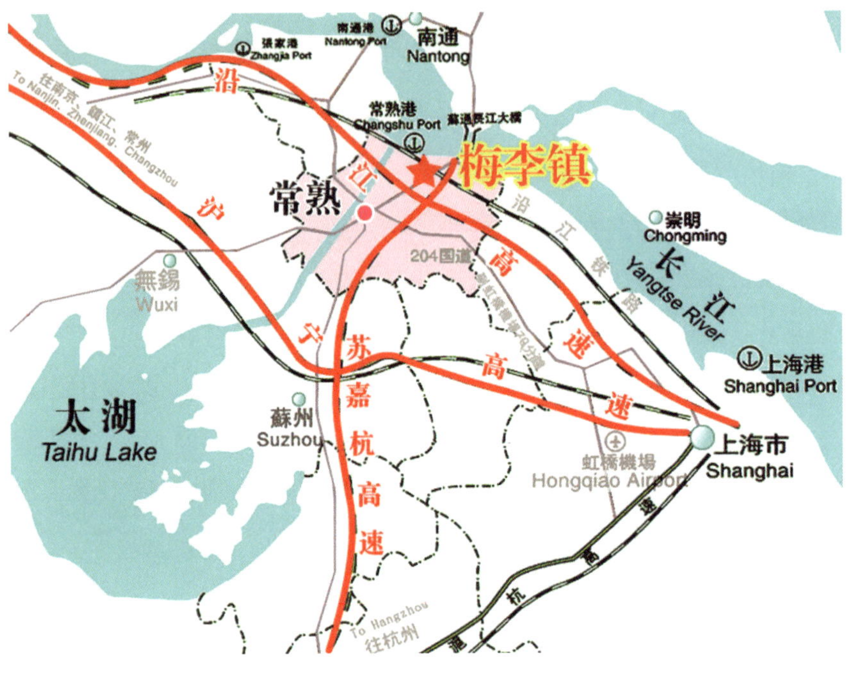

梅李镇区位交通示意图

自然环境

地貌 梅李全境系长江三角洲冲积平原，地形总体呈狭长形，南北长约 16.2 千米，东西宽约 6.1 千米。地势走势呈北高南低，按吴淞基准点海拔最高处为 6 ~ 7 米，最低处仅 2.5 米，平均海拔 4.75 米。境内以盐铁塘为界，东部地势相对较高，西部相对低洼平坦。故传统种植业东部和北部以种植棉花、蔬菜为主，西部和南部以种植水稻和水面养殖为主。

河流

梅李全镇有河道 308 条，总长度 315 千米。其中区域性河道 2 条（常浒河、盐铁塘），市级河道3条（徐六泾、耿泾、海洋泾），镇级河道9条。比较有名的河流是：

盐铁塘 全长95千米，梅李境内16.55千米，距今已有2000多年历史。盐铁塘为引泄、调节入江各河道水量的重要通道，历史上曾是水上运输的主要航道之一，也是梅李等地通往上海的主要运输航道。

常浒河 亦称梅塘。此河始自常熟城东门护城河，向东经梅李镇与盐铁塘呈十字交汇，经浒浦闸入长江。1958年，经疏浚、拓宽、挖深，更名为常浒河。全长21.8千米。梅李镇段约6.48千米。是太湖流域及常熟市东南境内重要的航运及引泄河道。现为5级航道。

海洋泾 2008—2009年，在原海洋泾基础上拓浚而成。始于梅李镇师桥村海洋泾长江水利枢纽，终于常熟市常福街道毛桥村南福山塘。全长15.1千米，河宽20～50米。梅李镇境内长6.4千米，宽44米，其主要功能是引排水，为常熟城区引进长江水，改善水环境。该河不通航。

徐六泾 又名宋六泾、徐六浦。为县级河道。因河两岸有徐姓巷和陆姓巷得名。后讹为徐六泾。自碧溪周泾口起，弯曲流经于家巷、张家荡、陶家角，在吴市的徐巷入长江。1975年冬疏浚时，河道有较大变迁。西自古里苏家尖起，经珍门张家宅基、顾家村、薛家桥、珍门集镇、陈家角、马潭村，然后进入碧溪境内。中途在珍门与盐铁塘交汇，全长16.6千米。境内流经长度为7.44千米。

梅李镇境内有长江江堤6.03千米，已成为长江江堤观光带。站上江堤，浩瀚江水奔涌东流，千船竞发。晴好天气，依稀可见对岸南通港区吊车林立，苏通大桥横跨长江。

气候

梅李镇地处中国北亚热带沿海区域，季风盛行，四季分明，雨量充沛。春季东南风、西北风交替出现，气温回升，但不稳定，时寒时暖，天气多变，多春雨。夏季多东南风，前期有梅雨，多阴雨天气；中期盛夏，气温最高，多伏旱；后期多台风影响。秋季早期有晚台风，偶有龙卷风，多秋风秋雨天气；中后期秋高气爽，有早霜。冬季前期多西北风，寒冷干燥，少见雨雪；后期有阴冷雨雪天气。

气温 梅李地区属海洋性气候，四季分明。年平均气温15.4℃，最高（1961年）为16.5℃，最低（1972年）为14.8℃。极端最低温−12.7℃（1931年1月10日），极端最高温40.1℃（1934年6月26日）。

日照 全年平均日照时数 2202.9 小时，占可照时数的 50%，全年以 8 月日照最多，2 月日照最少。

雨量 年降雨量为 1055.8 毫米，集中在 4—9 月之间。其中，6 月初梅子成熟时雨量最多，时间最长，俗称“梅雨”又称“霉雨”，占全年总量的 28%。8—9 月为台风季节，常出现暴雨和大暴雨，雨量约占全年的 50%。10 月，因受北方冷空气影响，有时连绵阴雨，但雨量不大，很少出现暴雨。冬季干旱少雨，是一年中雨量最少季节。

风 冬季多内陆来的西北风，寒冷干燥。夏季多从海洋上来的东南风，温暖潮湿。春秋季则东南风与西北风交替出现。夏季白天如出现西南风，往往入夜则静。夏秋季还常受台风影响，偶有小范围龙卷风出现。

霜 境内年无霜期平均 242 天。有 80% 的年份无霜期的保证率为 228 天。初霜期一般在 11 月 21 日前后，终霜期在 4 月 16 日左右。年平均有霜期为 126 天。

雪 每年初冬，少见雨雪，隆冬多雨雪天气。70 年代以后雪偏少，偶有雪花飘飘，但量一般不大。2008 年 1 月 26 日，大雪纷飞，积雪厚度达 20 ~ 30 厘米，为历史罕见。

人口　姓氏

人口总量 据明嘉靖邓韨《常熟县志》记载，当时该镇居民有 200 余家。据民国《重修常昭合志》记载，清光绪年间，梅李居民有 501 户，计 2186 口。1948 年有统计表明，梅李镇有 5091 户，总人口 22919 人，其中男性 11415 人，女性 11504 人。新中国成立后，土地改革时有 6921 户，总人口 28468 人。赵市、珍门两地则分别有 5019 户、15745 人和 4913 户、18149 人。

1964 年第二次全国人口普查表明，梅李镇（含赵市镇、珍门镇）有人口 70051 人，其中男性 33948 人，女性 36103 人。1982 年第三次全国人口普查表明，是时梅李镇（含赵市镇、珍门镇）有人口 85101 人，其中男性 41479 人，女性 43622 人。1999 年 6 月合并镇时，梅李镇有人口 82010 人，其中男性 40063 人，女性 41947 人。数据表明，从 80 年代开始，梅李镇总人口呈下降趋势。直至 2017 年年末，梅李镇户籍人口 80017 人，其中男性 38626 人，占 48.27%；女性 41391 人，占 51.73%。2017 年人口出生率为 6.15‰，人口死亡率为 9.29‰，人口自然增长率为 −3.14‰。

外来人口 据统计，至 2017 年年末，梅李镇域内有暂住人口 69989 人。他们主要来自四川、河南、安徽、山东，以及江苏苏北地区等。主要从事工业生产、经商、务农等，如常熟市龙腾特种钢有限公司就拥有外来职工 2600 多人，占职工总数 56.5%。外来人口在梅李工作时间最长的已达 30 多年，已购房落户。

民族 梅李镇人口以汉族为主，特别是在 80 年代前，几乎无少数民族人口。1978 年后，随着改革开放的深入，人口流动加大，婚嫁范围扩大，少数民族人口开始增加。至 1998 年，梅李镇共有少数民族人口 58 人，涉及壮族、瑶族、黎族、苗族、拉祜族等民族，来源地主要为广西、云南、湖南等地。至 2017 年年末，梅李镇少数民族常住人口达 156 人、14 个民族，其中女性 136 人，男性 20 人。少数民族人口中壮族最多，有 86 人，占 55.1%；其他少数民族人口有拉祜族 20 人，苗族 12 人，满族 9 人，回族 9 人，土家族 7 人，藏族、瑶族各 3 人，朝鲜族 2 人，黎族、布依族、仫佬族、彝族、景颇族各 1 人。这些常住少数民族人口主要以务工、婚嫁、人才流动、经商等形式定居于梅李镇，其中婚嫁为主要因素。

人口结构 至 2017 年年末，辖区内总人口 80017 人。0 ~ 14 周岁人 7513 人，占总人口的 9.4%；60 周岁以上 26646 人，占总人口的 33.3%，其中 60 ~ 69 周岁 13768 人，70 ~ 79 周岁 8968 人，80 ~ 89 周岁 3438 人，90 ~ 99 周岁 469 人，百岁以上 3 人。

姓氏 至 2017 年年末，梅李全镇户籍常住人口有 340 个姓氏。其中人数在 2000 人以上的姓氏有王、陈、徐、张、陆、顾、吴、周、朱等 9 个。依次为王姓 4858 人，陈姓 4858 人，徐姓 4428 人，张姓 3932 人，陆姓 3739 人，顾姓 3065 人，吴姓 2916 人，周姓 2637 人，朱姓 2511 人。人数在 1000 人以上的姓氏有钱、温、杨、黄、曹、唐、李、沈、孙、赵、季、潘、陶、金、邵、姚等 16 个。钱姓人数最多，达 1918 人。有复姓 3 个，分别为皇甫（2 人）、司马（2 人）、欧阳（1 人）。

经济发展

镇域经济 五六十年代，梅李经济以农业为主，工业仅有少量农副加工业，及土毛巾、回纺布、五金农具等小加工作坊。70年代，梅李开始兴起“社、队”办企业，工业经济开始上升。初时其门类仅限于农机具生产、纺织、针织、鞋类、五金锁具、印刷花边、竹器制品等，普遍规模小，产品档次低。八九十年代，特别是改革开放以来，梅李利用与上海较近的地理优势，走“联营”之路，拓展引进外资，工业经济快速崛起。1984年，梅李镇工业总产值首次突破亿元，号称“亿元乡”。1999年，梅李全镇实现地区生产总值10.2亿元，完成一般公共预算收入1800万元，三次产业比重为10.5 ： 58.8 ： 30.7。经过第十、第十一、第十二个五年计划的发展，特别是工业园区建设，扩大招商引资，加大基础设施投入，改善生态环境等，梅李镇域经济得到巨大提升。2017年，实现地区生产总值82.74亿元，完成一般公共预算收入8亿元。三次产业地区生产总值依次达到了3.6亿元、58.8亿元和20.3亿元。

通港工业园（2017年）

农业 全镇耕地总面积 5 万亩，主要农作物有水稻、三麦（小麦、大麦、元麦）、油菜、蔬菜、瓜果等。原来高乡片区以种植棉花为主（盐铁塘以东地区），现绝大部分已改种蔬菜、果品，棉花仅有零星种植。境内水面种养殖有 2800 亩，年产水产品 960 吨。至 2017 年年末，全镇已形成优质水稻、无公害蔬菜、优质果品三大优势产业。形成了千亩果品基地、万亩节水灌溉网膜栽培基地、万亩设施蔬菜生产基地和万亩高标准粮田保护区。梅李镇成为江苏省农业现代化示范镇。

工业 梅李镇工业门类有钢铁冶炼、机械制造、经编纬编、化纤纺织、服装服饰、印染、皮件皮革、装饰玻璃等。2017 年实现工业产值 328 亿元，销售收入 352.67 亿元。其中，规模以上工业产值 295.78 亿元，高新技术产业产值 25.89 亿元，新兴产业产值 262.89 亿元。全镇拥有各类企业 820 家，主要企业有龙腾特钢、中诚玻璃、美迪洋皮具、良基纺织、群英织造、永新印染、电热丝厂等。出口产品有耐磨球、经编布、家纺、服装等。

服务业 2017 年，完成服务业投资 11.32 亿元，开票销售收入 95.5 亿元（不含房地产）。境内商业网点分布合理，从业人数 1.7 万人。

财政收入 2017 年全镇财政总收入 17.83 亿元，其中公共财政收入 8 亿元。

社会事业

科技 至 2017 年年末，全镇有省级以上高新技术企业 8 家，高新技术产业产值占全镇工业产值 8.4%。国家重点新产品 5 项，高新产品 57 种，申请发明专利 143 件。获评省级创新型试点乡镇、苏州市科普示范乡镇。常熟市龙腾特种钢有限公司技术中心被科技部认定为国家级技术中心。

教育 至 2017 年年末，全镇有幼儿园 3 所，在园幼儿 1809 人，教职员工 117 人。有小学 3 所，在校生 3808 人，教职员工 301 人。小学适龄儿童入学率 100%。有初中 2

所，在校生 1924 人，教职员工 178 人。初中适合人口入学率 100%，小升初升学率、九年义务教育覆盖率均达 100%。有省四星级普通高中 1 所，在校生 1599 人，教师 162 人。境内还有集幼儿教育、小学教育、初中教育于一体的外来工子弟学校 1 所，在校生 1515 人，教师 53 人。另有老年大学、成人教育中心校各 1 所，社区教育中心 1 处。梅李中心小学为江苏省篮球特色学校，赵市小学成为全国青少年校园足球特色学校，珍门小学成为国际象棋特色学校，老年大学成为江苏省级示范校。

梅李中心小学（2017 年）

梅李高级中学（2016 年）

文体 至2017年年末，全镇有文化站1个，老年体协1个，文化艺术演出团体18个，创作摄影团队1个，村级、社区居委文化活动中心18处。公共图书馆1个，藏书8万余册，村级图书馆15个。体育健身中心1个，老年活动中心1个。孝爱研究、新四军研究组织各1个，并已形成体系，出版刊物。自1999年并镇以来，已举办“体育文化节”四届。广播电视全覆盖，入户率达90%，并全部实现数字化。

链接：梅李篮球

1930年，梅李镇首辟篮球场，由体育教师、青年学生组建篮球队。1945年秋，梅李镇由姚瑞元、陈正煜等人发动，组建“青燕”篮球队，同年12月，“青燕”队初次出征福山，不敌败北。翌年9月，“青燕”队赴常熟县城参加“默庵杯”篮球赛，力胜“县中”队，继与“县府”队争雄时被淘汰。后聘国民党驻军蓝文治任教练，球艺日增，成为当时县内一支较具实力的强队。至50年代，“青燕”队（新中国成立后改名为梅李队）在邻近乡镇和城区的篮球赛中进入“四军”（前四名）的有十余次，重大杯赛成绩见表1。

截至50年代梅李镇篮球队重大杯赛成绩汇总表

表1

时间	球赛名称	名次
1947年5月	新常熟杯	亚军
1947年	正修杯	冠军
1947年	里睦杯	冠军
1948年3月	青年杯	冠军
1949年8月	第一届建军杯	冠军
1951年	丰收杯	冠军
1954年	生产杯	冠军
1954年	健身杯	冠军
1955年7月	建设杯	冠军
1957年7月	生产杯	冠军

1949年暑假，梅李镇由李少宇等捐款筹办“第一届梅中建校纪念杯”篮球赛。赛前，上海市人民广播电台“空中书场”节目主持人万仰祖和评

弹名演员严雪亭在电台连续播送梅李球赛消息，闻讯参赛的有108个球队。其中周泾口琴光篮球队聘请上海市“沪淞”队参赛。1949年秋，“青燕”队应常熟邀请，参加“赈灾篮球”义赛。次年，应太仓邀请，参加太仓县“捐献飞机大炮”义赛。1951年，梅李队参加常熟县篮球选拔赛，于10月间参加“苏南区运动会”获第一名。1951年，又办“第二届梅中建校纪念杯”，规模已不如前。

1953年，梅李队应县体委邀请与驻常部队二十三军篮球队争夺县代表队，梅李队获胜。县代表队在苏州赛中又获第一，李增保、陈正煜、邓雪元、韦福庆入选苏州专区代表队。在苏州集训后参加在南京五台山体育场举行的“江苏省篮、排球比赛”，战胜徐州队、扬州队，负于常州队获分组第二。赛后，韦福庆被中国人民解放军步兵总校吸收为篮球队员。

60—70年代，梅李镇篮球运动得到普及，农村大队相继建立篮球队。市镇在1963年成立女子篮球队，活动不到一年解散。

80年代初，农村篮球活动逐渐减少。市镇较大单位均有篮球队组织。自1983年至1992年，文化中心和镇团委每间隔一年，举办“梅李杯”和“青年杯”篮球赛，前后各5届。最多时有14个球队参赛。1987年年初，重建梅李篮球代表队，赵渭清任队长，朱绍明任教练。1987年3月，梅李镇篮球队赴张家港市杨舍镇参加“第一届苏州市亿元乡（镇）篮球赛”，以四战四胜的战绩获冠军。同年4月，梅李镇篮球队参加在丹阳县由农牧渔业部主办的“全国首届农民篮球赛”和“江苏省亿元乡‘致富杯’篮球赛”，获全国赛第六名和“致富杯”第四名。次年4月，又在梅李镇举行的“第二届亿元乡（镇）‘梅李杯’篮球赛”中夺魁。自1988年起，梅李队参加常熟市“篮协杯”赛4次，晋升为市甲级球队。

1987年，梅李镇在聚沙园建造篮球场以后，常有国家甲级球队来此比赛。1990年4月，有南京部队男篮、江苏队、浙江队、广东队到梅李进行友谊比赛；1991年10月，“八一”女篮与梅李男队进行表演赛，著名国家运动员郑海霞也出场献技；同年11月，全国甲级女篮江苏队、上海队、广东队和山东队亦在此场地比赛；1992年5月，全国甲级男篮河北队、湖北队、四川队和江苏队到梅李进行友谊比赛。

梅李镇第二届“环保杯”篮球赛邀请赛（2016年）

1993年10月17—18日，邀请全国甲级女篮八一、河北、江苏、浙江四个队到梅李进行四场精彩比赛。1994年，梅李镇首届体育文化节，参赛球队有9支。1996年梅李镇第二届体育文化节，参赛球队有12支。1995年5月22日，第二届青年艺术节举行篮球四强赛。1997年8月，上海东方、中国前卫、北京金狮和江苏南钢队到梅李进行友谊赛。上海东方队姚明也上场亮相。

医卫　至2017年年末，全镇有人民医院1所，占地面积3万多平方米，建筑面积1.6万平方米。设有19个科室，床位200张。1个社区卫生服务中心和2个分中心，15个村级医疗点，专业医护人员240人。农村安全饮用水普及率达100%，农村卫生户厕配套率100%。新型农村合作医疗参保率98. 18%，参保人数35191人。人口平均寿命78岁。

社保　至2017年年末，全镇新增就业岗位3110个，城乡登记失业率控制在1%以内。办理农保折算城保手续11932人。辖区内被征地农民就业率99%，高校毕业生就业率达96.2%，发放低保金、边缘户救助金、五保户救助金、重残救助金573.83万元，慈善救助金57.57万元，优抚金837.69万元，养老事业位居常熟前列，2017年全镇养老保险覆盖率达99.6%。2017年，梅李镇各银行年末存款余额达109.36亿元，其中个人存款69.06亿元。普通老百姓几乎家家有汽车。

经编名镇

经编产业，是梅李镇的特色产业、富民产业。2008 年，梅李镇被中国纺织工业联合会、中国针织工业协会授予“中国经编名镇”称号。2013 年 11 月，被中国纺织工业联合会授予“中国绒类产品生产基地”称号。“中国梅李，经编世界”区域品牌打响。2017 年，梅李“中国经编名镇”再次被确认。

经编历程

经编起步 梅李的经编产业是以草根模式自然发展起来的。90年代初，世界经编产业由欧美逐渐向中国转移，梅李镇经编业在手工业基础上应运而生。1991年，梅李镇农民邵金元、陆建明、徐雪梅、徐雪祥等陆续购置机器开始从事经编布生产。当时，大多是一个或者是几个业主合买一台经编机，先织成坯布，然后将坯布送出去染色整理，产品等客户上门收购。初期，上门收购经编布的主要有浙江客户和新疆客户，由于利润比较丰厚，一下子吸引了民间资本纷纷投入经编业。至1993年上半年，短短几年，全镇经编机拥有量达300多台，且开始拥有与经编机相配套的剖幅机、刷花机等。经编产业初步形成。

1993年8月，梅李镇政府因势利导利用关停的原镇饮料厂老厂房，出租给散布在全镇各处的个体经编户和准备购置经编机的新客户，引导经编产业集中发展。到1995年年初，吸引集聚经编户达134家。

1995年5月，以经编产业集聚发展为方向的“江苏梅李民营轻纺工业园”宣告成立。至此，梅李经编产业格局基本形成。

珍门布厂（1987年）

梅李布厂（1991年）

1996 年 5 月，具有复员军人经历的个体经编户吴建龙，开始了到国际市场闯一闯的探索，成为梅李经编业中第一个跨出国门的经营者。是时，吴建龙在上海外贸部门的帮助下，先后在罗马尼亚、匈牙利创办公司，专营梅李生产的各类经编面料，并成功在罗马尼亚注册了“AB”商标，打出自己的品牌。不久，“AB”牌经编面料成为覆盖罗马尼亚市场的著名品牌。在他的引领下，先后有经编经营户张栋梁、秦小华、赵国良、时炳才父子等 8 位农民走出国门，探索欧亚非市场，成为常熟首批从事经编织物的农民经纪人。他们先后在罗马尼亚、匈牙利、土耳其、乌克兰、南非等国注册公司，从事经编织物外贸出口业务。90 年代末，梅李经编产品出口经纪人队伍达 200 多人，足迹涉及欧、亚、非洲 16 个国家和地区，梅李经编开始走向世界。

1999 年，全镇已拥有经编机 950 多台，KS 织机 36 台，整理机、剖幅机、刷花机、印花机等 250 台，年产值达 10.3 亿元，占当时全镇国内生产总值的近 50%，对外产品销售量的 70%。全镇有 4000 多人从事经编行业及与之相关的工作。梅李经编产业形成。

经编发展 2003 年，梅李首批出国的经编经纪人，纷纷将事业的重点转移至国内。他们利用多年积累的资本和市场信息资源回乡建企业，实现由农民经纪人向民营企业家的转变，先后创办了 20 多家企业，注册资本总计超过 1.5 亿元。吴建龙在常熟创办万通服饰有限公司，从事内衣的外贸加工，并逐步发展为专业从事外贸泳衣生产。时炳才父子则投资 1000 多万元建办中环织造有限公司。方林华置地办起华森织造有限公司。同时具有一定实力的经编企业开始添置设备，扩大产能，延伸产业链。由单一面料生产向系列化、一体化方向扩展，向深加工方向拓展，向规模型方向发展。与此同时，梅李镇政府、梅李镇经编印染分会通过组织推介会、上门参观考察等形式，积极开展银企对接，获得金融支持，把银行金融产品推介给经编企业。常熟农商银行、农业银行、江苏银行、邮政储蓄银行、建设银行、中国银行、工商银行、苏州银行、交通银行、泰隆银行等与经编企业建立了金融关系，为企业解读金融政策，推销金融产品，打通融资渠道，提供信贷服务。泰隆银行为企业提供的无抵押授信服务，特别受欢迎，该行已与 300 余家企业及个体经编户建立融资关系。金融的支持，使梅李经编步入发展快车道。至 2007 年，梅李全镇拥有各类经编企业 46 家，其中规模以上 36 家，个体经编户 560 家。拥有各类经编机械 2000 多台（套），从业人数 1 万多人。经编产品在国内市场占有份额达 70% 左右，年产值超 40 亿元，产品远销俄罗斯、南非、尼日利亚、罗马尼亚、匈牙利和中东等 10 多个国家和地区。同时形成了经编产业向基地集聚，向完整产业链发展，提升经编产业层次和档次的新格局。是年，梅李镇获得“江苏省经编名镇”称号。2008年，梅李镇被中国纺织工业联合会、中国针织工业协会授予“中国经编名镇”称号，同时成为江苏省经编面料产业集聚试点地区。“中国梅李·经编世界”区域品牌打响。

经编车间

经编提升 从“江苏省经编纺织名镇”到“中国经编名镇”，梅李不断地向世界证明其经编产业强劲的发展实力和后劲。至2010年，梅李经编已初步具备特色明显、设备先进、技术领先、效益稳定等特点。2010年5月，梅李镇申报“江苏省经编面料产业集聚标准化试点”正式获准省级立项。根据项目建设要求，分别起草制定《梅李经编面料产品标准》《梅李经编面料联盟标准管理总则》两项联盟标准。这在国内经编行业属首创。“联盟标准”的制定，推进了域内经编企业的产业提升，转型升级，加快了产业集聚速度，提升了经编产品市场竞争力。

2011年开始，钟杰针织、宝沣特纤等企业分别与东华大学、江南大学、南通大学等高校合作成立省级研究生工作站，与校方就经编技术创新、战略联盟组建等进行科技对接和互动研讨，将最新的科研成果应用到企业生产经营中，助推梅李经编再上新台阶。不少规模企业还通过引进先进设备、管理经验、科技人才等，推进企业升级，推动行业升级。

2013年，梅李镇经编产业已形成以绒类产品当家的产品特色。是年11月，被中国纺织工业联合会授予“中国绒类产品生产基地”称号。同年，梅李还获得年度中国经编行业推动贡献奖。中国针织工业协会如是评价梅李：梅李镇是一个非常特别的地区，这是全国乃至全世界绒类面料最大的生产地和集聚地。2015年11月27日，在浙江海宁举行的“新常态、新起点、新思路、新跨越——2005—2015年中国经编十年变迁”系列活动中，梅李经编行业获得“优秀产业集群”“推动贡献”等17个奖项。常熟市昌盛经编织造有限公司后整理产业链技改项目被评为2005—2015年度中国经编行业十大重大项目，常熟市大发经编织造有限公司、常熟市新宏业纺织品有限公司被评为2005—2015年度中国经编十佳发展最快企业；常熟市群英针织制造有限责任公司、常熟市昌盛经编织造有限公司、常熟市华谊织造有限公司被评为2005—2015年度中国经编行业竞争力十强企业。

2017年，在梅李全镇93家规模以上企业中，涉及经编行业的就有38家，占比达41%。38家经编企业实现产值43.91亿元。是年7月，梅李镇被江苏省纺织工业协会授予“江苏纺织服装特色名镇建设示范单位”。9月，在2017年第十九届中国江苏国际服装家纺面料博览会上，江苏省领导莅临梅李镇经编展位，对梅李镇经编产业的发展给予肯定。11月，被2017年中国国际针织（秋冬）博览会授予“最佳合作伙伴”称号。12月20日，中国纺织工业联合会、中国针织工业协会在北京举行复评工作总结大会，梅李镇再次获得“中国经编名镇”称号。

经编平台

轻纺工业园 1995 年 5 月 18 日，“江苏梅李民营轻纺工业园”挂牌成立。位于原梅李食品饮料厂内，是梅李镇经编产业的特色园区。1996 年，园区年外销经编产品 40 多标箱，约合 400 多吨的经编产品销往俄罗斯、东欧、中亚、远东、南部非洲等地。1999 年，工业园总面积发展到 4 万多平方米，建筑面积 1.8 万多平方米，业主 100 多户。拥有“286”机（常州产经编机型号）、“KS”织机（高速经编机）、整经机、剖幅机、刷花机、印花机等 150 余台（套）。园区经编占全镇经编业的 40%，总资产 4000 多万元，年产值 4 亿多元，年创利润 2000 多万元，上缴税金 1000 多万元。仅每天到轻纺工业园送货、拉货的卡车就有 100 多辆。园区成立管委会，除为业主提供生产、生活用房、用电、用水、维修、翻建、环境卫生等服务外，还为业主联系购买机器设备，推荐原料供应商、面料收购商上门服务，使业主可以就地采购原料、就地生产、就地销售。管委会还帮助协调各种经济纠纷，代办工商税务登记手续。为方便业主，园区还成立工商、税务、个管办、“轻纺园”联合征收管理办公室，征收各项税费及租金。派出所、联防队则坚持值班巡视，保证园区安全。

纺织科技城 2008 年，梅李镇启动建设通港工业园东区，定位为纺织科技园区。以梅李纺织科技有限公司为载体，将原先分散于全镇的经编企业集中起来抱团发展，提高产业集聚水平。2009 年年底，占地面积 18.67 万平方米的纺织科技园区一期工程竣工。常熟市昌盛经编等十多家经编企业进驻，总投资超过 12 亿元。从此，梅李经编企业过去各自为政、分散经营模式开始转变为集中、整体销售模式，纺织科技园成为集经编及家纺产品研发、生产、销售于一体的工业园区，成为梅李经编进一步拓展发展的重要平台和展示经编产品的重要载体。

常熟市群英针织织造有限公司（2017 年）

经编分会 2006 年 6 月 11 日，梅李经编行业第一个组织——梅李商会经编印染分会正式成立。会长为吕永明（永新公司），常务副会长为蒋建良（群英公司）和朱岳明（昌盛公司），至 2017 年年末，拥有成员单位 63 家。分会致力于组织委员企业参加各类会展、技术交流、扩展市场等活动，力求实现优势互补，与同行共谋发展、共同进步。经分会牵线，经编企业与江南大学、南通大学等高校建立长期合作关系，携手研发经编新产品、新工艺，使企业在产品研发、专利申请、销售、经营管理、延伸产业链等方面提升竞争力，实现新飞跃。与中国纺织联合会会刊《纺织服装周刊》联办《中国经编》《中国针织专刊》，每月报道梅李 1 ~ 2 家企业，向全国介绍梅李经编的成果和发展前景。与江苏省纺织协会联办《纺织服装导报》，宣传梅李经编企业。推荐企业参加全国性会议，参加第十届中国（上海）国际纺织品面料博览会；组织 13 家企业赴上海参加第五届中国国际针织博览会和南京第十二届中国江苏国际服装家纺面料博览会。组织、服务“走基层，看家纺，中国经编万里行”走进梅李活动。此次活动有新华社、人民日报社、中央电视台、光明日报社、经济日报社等 20 多家中央媒体聚焦梅李。经过集体参观、座谈交流等形式，与企业共谋发展，并发表一批介绍梅李经编的文章，扩大梅李经编影响。

政府服务 梅李镇政府注重为经编产业发展服务。适时制定促进产业发展、科技创新、转型升级的政策及激励措施，包括各项科技创新奖励、技改投入奖励、名牌名品奖励等，鼓励激发企业加大投入，加速发展。着力在投资环境、载体建设、优惠政策上下功夫，加大载体配套，提升服务功能。构建公共服务平台，引导科技部门组织各项科技培训。2015 年专门邀请江南大学纺织学院教授到梅李为 40 多家重点经编企业的科技人员作经编行业发展趋势讲座。每年柔性引进高端人才 2 ~ 3 名。利用各种渠道、有利时机向外宣传“梅李经编”。2008 年，向外正式打出“中国梅李・经编世界”的名片。拓展企业视野，先后组团参加韩国展会、沪交会、国际服装服饰博览会、中国法兰克福面料展、中国纺织经编行业调研会、中国海宁马桥经编交易会和中国经编协会换届会议，承办中国针织工业协会经编分会年会，等等。采取组团方式在电视、报纸、杂志等媒体上做好梅李经编产业的推广工作。引导经编企业积极投身扶贫济困、捐资等公益事业活动，回报社会。

经编产品

主要产品 梅李镇的经编产品，早期主要以各类低端窗帘装饰面料为主。经过 20 多年的发展、创新，已形成经编装饰面料、经编服装面料、经编家纺面料三大系列 30 多个品种。网眼系列产品和绒类系列产品是梅李经编的主要产品。2013 年 11 月，梅李镇经编行业就被中国针织工业协会授予“中国绒类产品生产基地”称号。梅李经编产品中的绒类产品主要有长毛绒、珊瑚绒、冰花绒、短毛绒、孔雀绒、金光绒、南韩绒、珍珠绒、麂皮绒。经编绒类产品的最大特点是脱散性小，质轻耐磨，丰满又坚牢，颜色丰富，手感柔顺，质地细腻、滑爽。适宜于衣着和家居用品，工业用布等。网眼织物具有透气性好，通风排湿，缓压体贴，抗菌防螨，宜洗涤的特点，适宜于内衣、运动衣、泳衣、鞋帽等，亦用于窗帘、沙发、箱包、坐垫等产品。2017 年，梅李经编产品总量达 32 万吨，其中网眼类达 6 万吨，绒类产品 26 万吨。

名牌产品 2009—2011年，常熟市群英针织制造有限责任公司的“群英”牌、常熟市永新印染有限公司的“永新”牌生态纺织品经纬编针织面料分获江苏省名牌产品称号。2011年，江苏菲雨蕾服饰有限公司的针织保暖内衣获苏州市名牌产品称号。2012年，常熟市众望经纬编织造有限公司的“博欧伦”牌家用毛毯获江苏省名牌称号。是年，常熟市新锦江印染有限公司的全棉针织活性印染布获苏州市名牌产品，常熟市建华织造有限公司的涤纶经编毛毯获苏州市名牌产品。2013年，常熟市群英针织制造有限责任公司的涤纶针织布料、常熟市众望经纬编织造有限公司的睡衣、常熟市钟杰针织有限公司的针织面料分获苏州市名牌产品。2014年，常熟市群英针织制造有限责任公司的针织家居服、常熟市馨格家纺有限公司的床上用品分获苏州市名牌。2015年，常熟市华谊织造有限公司的经编面料获苏州市名牌。是年，常熟市群英针织制造有限责任公司的南韩绒产品被评为2005—2015年度中国经编行业十大优秀成果。梅李经编产业集群的弹性经编织物、经编网眼织物、双针床经编长毛绒织物、双针床经编间隔织物被评为2005—2015年度中国经编行业十大产品。

经编展厅

特色产品　梅李经编的主要产品也是梅李经编的特色产品。经编绒类产品不仅品种多，而且开发时间早。早在 2003 年，常熟市新宏业纺织品有限公司就率先打出了“珊瑚绒”新面料，并在 2009 年又推出“法兰绒”，被业内称为“绒布专家”，在江浙一带经编业界，新宏业是“法兰绒”的代名词。而常熟市华谊织造有限公司在经编绒类产品上“大做文章”，开发柔和绒、新珊瑚绒、氨纶不倒绒、摇粒绒、兰花布等新品新款。常熟市昌盛经编织造有限公司在绒类产品的精细上下功夫，其开发的短毛绒沙发面料（超细纤维）深受美国客户青睐，畅销美国市场 10 年而经久不衰，拥有三大系列 100 余款。常熟市群英针织制造有限公司在 3D 网眼布上开创特色，其生产的 0.5 ～ 2 厘米 3D 网眼布（又称 3D 加厚网眼布）运用 XC 型支撑结构，透气性好，支撑点高（高于弹簧 800 倍），成千上万个网眼六面透气，不易受潮、霉变、变形，特别适宜制作席梦思、汽车坐垫等。

产品标准　2014 年，梅李镇正式推出《梅李经编面料》联盟标准（通过江苏省质监局组成专家组评审），这是国内第一部经编面料产品质量标准。该标准的推出为梅李经编产品的提档升级确定了新标准。江苏省质监局专家如是评价：《梅李经编面料》联盟标准符合 GB/T 1.1 的要求，所规定的要素内容完整规范，技术指标反映产品特性，技术数据安全可靠，检验方法符合国家相关标准的规定要求，具有较强的科学性和实用性。

《梅李经编面料》联盟标准制定（2015 年）

装备与产能

主要装备 至2015年年底，梅李经编主要装备有“286”“288”“292”等系列经编机3667台，KS织机（高速经编机）290台，圆机670台。与之相配套的辅助装备有：整经机530台，刷花机29台，拉毛机274台，剖幅机139台，定型机117台，烫光机205台，染色机220台，圆网印花机33台，平网印花机14台，水洗机62台，蒸化机28台，烘干机35台，摇粒机109台，剪毛机92台，缝纫机990台。经编机以国产双针床机型为主，部分配有电脑控制、红外线监测功能。KS织机以进口（德国卡尔迈耶）为主。整经、染色、印花等设备进口与国产兼有，包括奥地利齐玛磁棒圆网印花机、平网印花机、韩国罗拉印花机等。在国内经编业界，处于设备先进、工艺成熟之列。

截至2017年，梅李经编业中装备较先进的有：常熟市群英针织有限责任公司引进的20台德国卡尔迈耶生产的KS机，全电脑控制，红外线监控。常熟市夏弘针织制造有限公司为完善产业链引进的整经机，全部为计算机控制。常熟市华谊织造有限公司除引进卡尔迈耶经编机，还引进了整经机等配套设备，使企业在面料织造、染整等方面具备领先优势。常熟市新宏业纺织品有限公司不仅拥有最先进的反渗透膜处理技术水处理设备，还引进了MBK宽幅印花机。常熟市昌盛经编织造有限公司的智能库位管理，每年节省人工费用10多万元。

产能 至2017年6月，梅李镇有公司型经编企业221家，个体经编户781家，经编企业总量达1002家。其中，有169家企业和708家个体户是主要从事经编织造的；有16家是做印染的；有16家企业和38家个体户兼有圆机面料生产；涉及后整理工艺的企业有27家，个体户12家；涉及家纺业务的有32家企业，22家个体户。全镇经编直接从业人员有11121人，其中管理人员1301人，技术人员578人，一线生产9159人。全镇经纬编面料年产能超过35万吨，其中经编面料超过32万吨，纬编织物2万多吨。

经编面料中绒类产品超过 26 万吨，网眼类织物达 6 万吨左右。全镇经编项目日耗各类化纤丝 1500 吨。群英织造、昌盛针纺织、通惠织造、赵市华达印染、夏弘针织等公司年产能达万吨水平。至 2017 年年末，在梅李镇 93 家规模以上企业中，经编企业有 43 家，占 46%。梅李经编业界共在国外注册公司 30 余家，经编面料已销往五大洲。

梅李镇部分经编企业产能一览表

表 2

序号	企业名称	年产能（吨）
1	常熟市群英针织制造有限责任公司	10000
2	常熟市燕来盛织造有限公司	9000
3	常熟市大发经编织造有限公司	8000
4	常熟市康盛经纬编织造有限公司	7000
5	常熟市吉顺经纬编有限公司	6000
6	常熟市方申织造有限公司	5000
7	常熟市东林纺织品有限公司	5000
8	常熟市夏弘针织制造有限公司	5000
9	常熟市昌盛经编织造有限公司	4800
10	常熟市宏昌织造有限公司	4500
11	常熟市恒成织造有限公司	4500
12	常熟市苏怡针纺织品有限公司	4200
13	常熟市帝网织造有限公司	4000
14	常熟市华谊织造有限公司珍门分公司	4000
15	常熟市周行东坝经编丝绒厂	3800
16	常熟市肄华织造有限责任公司	3700
17	常熟市天锦织造有限公司	3500
18	常熟市寅升纺织有限公司	3500
19	常熟市天辰针织有限公司	3500
20	常熟市万顺经纬编织造有限公司	3300

宜居小镇

梅李，是一个文化底蕴深厚、民情风俗淳朴、特色风貌显著、配套设施完善的江南小镇。镇区中心形成以东街、西街、南街、北街为古街区的“古镇保护区”，以梅西路、新天地广场、梅东路、恒丰街、良基商城为主要商业街区组成“核心商贸区”；以寺泾路、将军路、江夏路为主体的“生活住宅区”；以梅李人民医院、颐年苑、老年体育活动中心、体育健身中心为主的“疗养保健区”等城镇功能区。至2017年，梅李镇先后获得：世界级“健康社区”、中国人居环境范例奖、国家园林城镇、国家级生态镇、国家建设宜居小镇、江苏省现代化新型示范小城镇等荣誉称号。

镇村规划

总体规划 梅李镇于 2004 年编制总体规划。但随着社会经济总量不断扩大、城镇一体化进程日益加快、人民生活需求呈现多元等多种因素影响，镇政府于 2010 年编制《常熟市梅李镇总体规划（2010—2030）》，并于 2011 年 12 月获常熟市政府批准。

2010 年 8 月，梅李镇被确定为全省首批强镇扩权试点镇后，按照“北部工业区、南部居住区、西部古镇区、东部新镇区”的整体布局，将梅李镇建设成为“人口集聚、产业集群、体制创新、环境友好、人民富裕、社会和谐”的现代化新型小城镇。

面对新的发展要求，原来的《常熟市梅李镇总体规划（2010—2030）》中有部分内容，不能应对发展新情况。2013 年年初，经常熟市政府同意，梅李镇启动了该版总体规划的调整工作，并于 2013 年 6 月通过。

专项规划 梅李镇在《常熟市梅李镇总体规划（2010—2030）》的基础上，又编制《梅李城乡一体化规划》《常熟市梅李镇村庄布点规划》《常熟梅李古镇保护与整治规划》《梅李镇绿地系统规划》《常熟市梅李镇风景旅游规划》《梅李镇土地利用规划》等多部专项规划。按照“多规合一”的总要求，梅李镇政府科学划定开发边界，全力推进城镇建设，对集镇规划区域分 5 个部分开展控规编制，至 2016 年，完成规划区控规全覆盖。

2015 年 1 月，中船第九设计研究院工程有限公司（以下简称中船九院）为梅李镇编制《常熟市梅李镇中心区控制性详细规划》。该规划主题是以“家道、家学、家风、家业”四大板块来引导梅李镇中心区的规划与开发，将梅李镇定位为“梅李 HOME-TOWN”江南“家”文化主题生态小镇。该规划结构是“两轴一带、四区六心”，两轴——生活发展轴、商业发展轴；一带——公共生活带；四区——生活及城市配套区、历史及产业恢复区、文化及生活休闲区、旅游及乡野生活区；六心——新城市民中心、新城商业中心、梅李古镇中心、古镇文化中心、南部公共中心、工业遗产保护中心。该规划对梅李镇东部4.6平方千米新镇区进行控规，以“人文梅李、生态梅李、科技梅李、宜居梅李”为建设目标，突出古镇风貌改造，完善基础设施，优化整合资源等，将梅李打造成为具有地方文化特色和经贸特色的“江南千年古镇”和新型城镇化建设示范镇。该规划作为国家“千企千镇工程”代表项目之一，已经进入全面实施阶段，其标志性项目“天和佳苑二期”工程已于2017年年末全面完成。

天和佳苑二期（2018年）

基础建设

基础设施

道路 至2017年，累计新建改建道路145.3千米，实施12条农村道路提档升级改造，新建改造农村桥梁96座。镇域范围内市级及以上道路4条，总长约32千米，均是沥青路面的二级公路。镇级道路49条，总长72.5千米，村级道路193条，总长167千米，是沥青混凝土或水泥混凝土路面。域内主要道路框架已经形成，路网体系发达，配套设施完善。

给排水管网 梅李镇居民均接入常熟市自来水管网，城镇公共供水普及率100%。至2017年，镇域范围内主要污水管网建设全部完成，累计铺设管网679.8千米，新建有动力污水处理设施 5 座、微动力污水处理设施 70 套，惠及农户 8017 户。梅李镇有污水处理厂 1 座，工业污水达标排放率 100%，生活污水收集处理率达到 76%。

供电供气 梅李镇现有 110 千伏电站 4 座，居民用电量逐年攀升，2017 年，全镇居民用电量为 7185 万千瓦小时。2010 年，省道 338 线工程施工，梅李镇铺设第一条天然气管道。至 2017 年，镇域内有富佳名苑、永新花园、中和家园、天和佳苑等 20 多个小区通天然气管道，居民用上清洁能源。

环卫 梅李、赵市、珍门 3 个片区设有环卫所，对镇区环境卫生工作进行统筹管理，负责日常环境卫生清扫工作，道路日清扫率为 100%，保障全镇环境整洁，干净美观。村级道路由环卫所与专人签订协议，实行包干制度，负责日常清扫工作。梅李镇有完备的生活垃圾收运体系，每户发放垃圾桶，由环卫所派专人负责收集生活垃圾并运至镇垃圾压缩站，再转运到常熟市统一处理，生活垃圾集中收运率为 100%。至 2017 年年末，梅李镇共建垃圾房 171 座，垃圾收集车 315 辆，发放垃圾桶 2.33 万只，一线环卫职工 537 人。

街区建设

街区改造 梅李镇政府投入资金，对镇区道路两侧店面、古街两侧民居和居民新村的墙体统一白化，在商业街区设置规格统一的店牌、店招。镇区已经形成师德路、寺泾路、梅北路、江夏路、古荫路、人民路、韩家浜路、梅西路“四纵四横”主干道框架。主干道绿化带、非机动车道、人行道、盲道、路灯、交通信号灯及路口监控等设施配套完善，形成“一路一品、一路一景”的格局。在大街小巷沿线全部实现“绿化、亮化、美化”，镇区绿化覆盖率达 35.2%，实现“春有花、夏有荫、秋有果、冬有绿”的生态目标。在梅李西路口、寺泾路口等处，设置景观造

梅西路（2017 年）

胜法村游园（2015 年）

型公益广告。集镇区域，利用宣传画廊、停车场墙面，设置中国风主题墙绘、公益广告宣传栏，宣传社会主义核心价值观、梅李孝爱文化、梅李人文景观等，凸显人文魅力。在镇区的公园、小区游园、中心镇区等场所，结合周边环境，设置景观造型、长廊标语、宣传漫画，点缀环境，传播文明风尚，突现文明城市的浓厚氛围，传递积极向上的正能量。

特色商业街建设 东起梅北路、西至寺泾路的恒丰街，全长 580 米，路宽 15 米，两边人行道路各 3 米。恒丰街是梅李镇强镇扩权后政府为完善该区域基础设施，推动第三产业发展而全新规划建设的一条特色商业街，新街道于 2012 年 11 月竣工。2014 年，恒丰街成为苏州市“天堂杯”城市管理示范路。该街道紧邻新天地广场，按照“一路一品、一幢一景”要求设计，沿街各类公用硬件设施和停车泊位配备到位。街道两侧商店林立，店招广告设置规范有序，有餐馆、美食店、酒店、宾馆、专卖店、金融单位 80 多家。

公共设施

公共交通 梅李镇交通便利，有 201 路、203 路、204 路、205 路、208 路、209 路、210 路、211 路、219 路、231 路等公交线路经过梅李，或以梅李作为起点、终点站。在江夏路建有梅李城乡公交站，有到常熟招商城的往返班车，有直达苏州高铁站、上海人民广场等站的往返长途班车，还有 307 路、308 路、323 路镇村公交车。至 2014 年年底，全镇每个村、每个居民集中居住区都开通公交车，对 70 周岁以上的老年人，实行免费乘坐市、镇公交车。

便民服务中心 该中心是镇政府内设机构，是为探索新型基层政府管理架构而打造的便民服务综合平台。中心于 2012 年 10 月挂牌成立，行使上级赋予的行政许可、行政审批、公共服务等部分经济社会管理权限，履行相关组织协调、监督管理和指导服务职能，组织全镇市级限额以下的公共资源交易服务工作。该中心可办理市场监管、国税、地税、公安、财政、发改、人社、住建、环保、城管、安监、水利、卫计、民政、烟草、报社、CA认证、市民卡、新市民管理、公共资源交易等20个部门的许可审批及服务类事项270项，同时还积极向村（社区）延伸部分民生服务事项，真正履行政府“惠民、便民”服务承诺。

政务服务中心内景（2013年）

宾馆饭店 梅李镇区共有宾馆15家、饭店10多家，分布合理，设施、设备齐全，接待能力强。常熟梅李镇新天地商务宾馆是梅李派出所唯一指定可以接待外宾的单位，宾馆建筑面积为2530平方米，内设中餐厅、会议厅、商务中心，有50个标准客房。金铭阁酒楼位于梅北路63号，建筑面积2300平方米，有大宴会厅、中宴会厅、小宴会厅、包厢等设施，可同时容纳800多人用餐。

金融网点 全镇共有12家银行开设20个网点。其中，邮政储蓄银行4个网点，农业银行3个网点，农村商业银行3个网点，中国银行2个网点，工商银行、建设银行、交通银行、浦发银行、民生银行、江苏银行、苏州银行、泰隆银行各有1个网点。至2017年年末，各银行存款余额达109.36亿元，其中农村商业银行存款余额达41.23亿元，农业银行存款余额达27.06亿元，江苏银行存款余额达12.50亿元。

恒丰街（2016年）

寺泾路应急避难场所　该所位于寺泾路和将军路的交界处，有效占地面积 2.4 万平方米，设计容纳 9700 多人，按照固定避难场所要求建设。场内设置应急棚宿区 3 处、应急物资供应点 1 处、应急水井 3 眼、固定应急厕所及应急淋浴房 1 处。另外还设置监控系统、广播系统、应急医疗救护点、应急停车场等。

美丽家园

梅李镇现有行政村 15 个，农村总户数 20371 户，规划建设农民集中居住区 31 个，分布在镇域 15 个行政村中。天字、胜法两个村基本完成农民集中居住区的建设，建成后的集中居住区风格协调，基础设施完善，道路宽敞，改善了村民的居住、生活环境。这两个村先后获得江苏省文明村、江苏省社会主义新农村建设先进村、苏州市村级经济发展百强村、苏州市先锋村等称号。梅李镇致力于加快美丽村庄建设，至 2017 年，建成美丽村庄 2 个，三星级康居乡村 9 个，全面完成 143 个村庄环境整治任务。瞿巷村成为全市首个省规划示范点，整村建成三星级康居村；珍北村下塘泾成功创建省美丽村庄建设示范点。

示范村庄

美丽村庄建设示范村　至 2016 年，天字村已建成 8 个居民集中居住小区，每个小区按照“六个统一”建造新楼房，平均每个小区占地面积 12 万余平方米，各小区内绿化面积占 44%，户均绿化面积达 20%。天字村制定维护养护责任制，结合“整洁庭院内外，共建幸福家园”的清洁活动，每个家庭人人动手，自觉落实门前“三包”责任制，按照清洁庭院、栽花种草、美化家园的要求，营造优美的居住环境。小区内建有景观绿化带，利用现有自然风光、水道资源，打造可玩、可停、可看的生态绿色游步道。在需要通行的绿化中增设石阶，将各种风格的亭子和廊道连接起来，既方便百姓的通行，又美化环境，为居民提供生态休闲的居住环境。小区内建有九曲桥、湖心亭、木步道、青砖步道、黄石景观驳岸、亲水平台、木质茶室、景观石桥、插入式停车位、文化戏台、小区门卫、小区开放式围墙、路口监控设施、文体广场、孝爱文化广场、天字三区游园等设施。天字村结合村庄形态和自然环境需要，在通港路进村主要路口树立天字村特色标识牌，以江南粉墙黛瓦的造型显示天字村庄的风格，在小区各主要路口配备统一、规范、有序、醒目的路牌、路标、警示牌，方便村民出行和亲戚朋友来访。

天字村先后获得江苏省文明村、江苏省卫生村、江苏省社会主义新农村建设先进村、苏州市先锋村、苏州市“建设新农村”示范村、苏州市卫生现代化先进村、常熟市科学发展示范村、常熟市“绿色社区”等荣誉称号，2014 年 2 月被苏州市委、苏州市人民政府授予“苏州市美丽村庄建设示范村”荣誉称号。

瞿巷村于 1987 年建立了苏州市第一家村级中外合资企业——常熟三联皮件有限公司。

天字新农村

2014 年 3 月 16 日，瞿巷村召开全体村民代表大会，通过创建美丽乡村实施方案。方案重点对 1、2、3、6、7、8、10、11 组 8 个自然村，进一步加大投入，完成雨污水分流、外墙白化、绿化改造、道路面层铺设、桥梁建设、道路亮化、河道打桩、驳岸修复等工程，累计完成污水管网 3600 米、沥青路面 5600 米、河道重力驳岸 2400 米、河道生态驳岸 1200 米、外墙涂料 12.8 万平方米。瞿巷村还改造和新建桥梁 4 座，新建污水处理分流站 7 座、健身休闲广场 6 块、公共厕所 4 座、路灯 380 盏、室外停车位 160 个，并在道路两侧安装宣传标语 50 多处，植树 5000 多棵。

瞿巷村先后获得江苏省文明村、江苏省卫生村、江苏省生态村、苏州市先锋村等荣誉称号，2015 年 3 月被苏州市委、苏州市人民政府授予“苏州市美丽村庄建设示范村”荣誉称号。

三星级康居乡村 梅李镇政府按照“生态良好、设施配套、经济繁荣、特色鲜明、村民富裕”的总体目标，以完善和提升基础设施、基本公共服务设施配套为重点，大力推进“三星级康居乡村”建设。先后投入资金 1 亿多元，疏浚河道 36 千米、驳岸护坡 28 千米、污水管网 38 千米、微动力污水处理系统 32 座、新增停车场 48 个、新增绿地 15 万平方米、新建三类水冲式厕所 12 座，进一步完善环境卫生管理配套设施。至 2017 年，梅李镇已有塘桥村陈家宅基、瞿巷村钱家巷、毛巷、瞿巷、圩港村北季巷、珍南村王王里、师桥村洞坝、聚沙村东村、赵市村梅村等 9 个村获得苏州市“三星级康居乡村”称号。

居住生活区

集中居住区 2001 年，因沿江高速公路建设、通港工业园区东扩、集镇建设等项目用地需要，梅李镇规划建设第一个集中居住区——师德苑小区。该小区面积 364055 平方米，分 6 个小区，安置 1006 户，并按“生态、景观、长效”的原则建设。规划小区内别墅整齐划一、色彩素雅，各色鲜花绿树点缀在房前屋后，购物超市、农贸市场、社区服务中心等配套设施齐全，休闲广场、娱乐场所、健身器材能满足村民休闲健身需要。2007 年 8 月，该小区通过常熟市首批集中居住区考核验收，成为常熟市首个规范性样板点。至 2017 年，梅李镇有超百户集中居住区 9 个，共安置农户 4423 户。

梅李镇部分集中居住区汇总表

表 3

序号	小区名称	占地面积（平方米）	绿化面积（平方米）	已安置户数（户）
1	师德苑	322055	42000	774
2	新泾湾	91440	15120	254
3	寺泾苑	78000	5125	156
4	万柳巷	107920	19880	284
5	银塘小区	268550	46475	715
6	天字小区	298485	71630	737
7	桂香苑	230680	37960	584
8	塘桥佳苑	60840	12792	156
9	佳和苑	79695	15525	207
合计		1537665	266507	3867

安置小区　至 2017 年，梅李镇建成天和佳苑、师德华府、兆丰佳苑、珍南佳苑、聚沙佳苑等安置小区 7 个，总投资 22.35 亿元，用地总面积达 27.42 万平方米，总建筑面积达 57.63 万平方米，可安置 1795 户，至 2017 年，已安置入住 1061 户。梅李天和佳苑一期安装太阳能热水系统，成为梅李镇第一个节能减排绿色小区。2014 年，梅李天和佳苑一期被评为苏州市美丽城镇建设优秀示范项目。

梅李镇安置小区统计表

表 4　　单位：平方米

序号	项目	用地面积	建筑面积	地址
1	天和佳苑一期	87092	169954	梅李镇天字路
2	天和佳苑二期	63362	217315	梅李镇胡琴路
3	珍南佳苑一期	6620	10000	梅李镇珍南村
4	珍南佳苑二期	25529	39055	梅李镇珍南村
5	聚沙佳苑	33373	47000	梅李镇聚沙村
6	师德华府	31605	50000	梅李镇胜法村
7	兆丰佳苑	26665	43000	梅李镇师桥村
合计		274246	576324	—

梅李镇银河柳岸居住小区（2013 年）

商品住宅小区 1988 年，梅李镇人民政府在镇区花园浜开发首批商品住宅后，梅李的房产开发逐步兴起。至 90 年代末，累计开发商品住宅小区 10 余个，建筑面积 5 万余平方米。进入 21 世纪，随着梅李区位优势日益明显，中心镇区规划日益清晰，特别是广大居民对安居乐业和宜居家园的需求与日俱增，梅李镇域内商品住宅小区的开发快速发展。至 2017 年，累计开发商品住宅小区 20 多个，占地面积达 116 万余平方米，商品住宅建筑面积达 100 万余平方米。

梅李镇部分商品住宅小区汇总表

表 5

序号	小区名称	建筑面积（平方米）	住宅套数	备注
1	师德苑	49651	324	已通天然气
2	依云小镇	71274	539	已通天然气
3	富佳名苑	77785	596	已通天然气
4	美丽园	47000	302	—
5	永新花园	49966	334	已通天然气
6	银河柳岸	29815	266	已通天然气
7	中和家园	33369	259	已通天然气
8	隆都旺角	17798	68	—
9	观景园	26252	178	已通天然气
10	灵水阁	16711	141	已通天然气

续表 5

序号	小区名称	建筑面积（平方米）	住宅套数	备注
11	四季花园	25000	138	已通天然气
12	金色家园	18700	87	已通天然气
13	新景水岸	20000	132	—
14	新天地花园	11200	38	已通天然气
15	聚沙锦苑	40000	375	已通天然气
16	尚尊佳苑	27685	226	已通天然气
合计		562206	4003	—

大润发商业综合体 位于梅李镇江夏路，是梅李第一家采用国家二星绿色建筑设计标准的建设项目。该项目 2016 年开工，是由 4 万平方米商业综合体、7 万平方米生态住宅区、1 万平方米城市公园构成。商业综合体占地 2 万平方米，其中一至二层为大润发超市，三层引入了 3000 平方米上海联合电影院线，还有餐饮、服饰、娱乐、休闲、儿童游乐等配套设施。生态住宅区按建筑噪音规避考验项目设计，采用浮筑楼板，在楼板中增加 25 毫米厚保温隔声板，大大降低噪音影响。大润发商业综合体是著名零售品牌大润发超市首次入驻乡镇区域，2017 年年底完成主体工程。

超市（2017 年）

休闲活动区

聚沙园 位于梅李镇区东面，占地面积 6.4 万平方米。1986 年，梅李镇政府修建农民公园，因全园主体为始建于宋绍兴年间（1131—1162）的聚沙塔而得名。

聚沙园是集旅游、娱乐、休闲、健身为一体的具有古典园林风格的农民公

聚沙园休闲娱乐（2015 年）

梅李龙园书场（2009 年）

园。聚沙园门首匾额“聚沙园”三字，系原文化部副部长王济夫所书。门口建有门厅、小卖部、园林管理办公室等屋宇。入门是一片水泥板铺成的广场，迎门建有一个造型别致的喷水池，栽种睡莲，夏日莲花怒放，繁如锦绣。池前装有花架，安放花卉，春兰秋菊，四季吐艳。池后堆有小巧玲珑的假山石一座，假山有穴，穴可容席。从池东一边由水泥块铺成的道路入内，右有一组仿古建筑群，设有茶室，室内窗明几净，座位舒适，供游人品茗休息。园内有亭台水榭，古木参天，绿树成荫，百花吐艳；有“聚沙塔影”“屏山听泉”“梧桐踏月”“古木清风”“曲径寒梅”“忠孝梅李”“濠濮间想”“荷蒲熏风”八大景点；还有异地迁建的龙园书场、徐建新钱币博物馆、冯新民根雕博物馆；还有盆景园、佛塔园、孝爱长廊、孝子孟宗塑像、名家碑刻回廊、中共常熟县委重建常熟人民抗日武装诞生纪念碑等景点。2015 年 1 月，聚沙园被评为国家 AAAA 级旅游景区，也是江苏省第一个获此等级的农民公园。

梅李中心公园　位于梅李集镇东部，西邻东环路，东靠昌谷路，北濒书院路，南临人民路，占地面积为 71519 平方米。该园于 2017 年开工建设，是梅李镇政府为域内居民建造的体育文化公园。

公园整体布局为“一山二水七分绿，古桥新岛卧波廊”，内有梅池、李湖、密林区、阳光草坡、浪漫花海、碧海金沙、九曲回廊、落霞长桥、望湖码头、荷园等景点。其中，梅池水边有堆砌的假石，岸上设置亭台、长廊、观景台；李湖边有多样性滨水活动空间，设置白沙滩亲子游乐园。公园内还设有春季植物种植区，植有白玉兰、碧桃、花桃、日本晚樱、红叶李、溲疏、香樟、金丝桃等；有夏季植物种植区，植有广玉兰、石榴、紫薇，还有水生植物荷花、鸢尾、水生美人蕉、千屈菜、再力花等；有秋季植物种植区，植有银杏、榉树、无患子、北美枫香、红枫、红叶石楠、金边黄杨、紫叶小檗等；有冬季植物种植区，植有红梅、杏梅、雪松、垂柳、花桃、三角枫、松红梅、南天竹等。

生态环境

河道景观　梅李镇对域内河流两侧进行绿化升级改造，对常浒河、盐铁塘驳岸进行绿化，种植杨柳、香樟、广玉兰等树木，形成景观带。海洋泾是常熟境内最直接的通江引排河道，2008 年对海洋泾进行拓浚整治，工程于 2010 年竣工。海洋泾河道在梅李镇域内长 6.4 千米，河口宽 44 米，河底宽 25 米，两岸绿化带各宽 10 米。海洋泾整治工程对梅李域内在水资源供给、水环境改善、水安全保障等方面起着重要的作用。

绿化景观　梅李境内的乔木以香樟、广玉兰、桂花、红枫、水杉、垂柳等树种为主，灌木多为月季、石楠、法国冬青，水生植物有睡莲以及荷花等类。域内古树名木资源丰富，树龄 100 年以上古树名木 30 多棵，树龄 50 年以上的古树资源 153 棵，全部登记建档在案，并挂牌实施保护。2010 年以来，先后投入 1.1 亿元用于绿化建设，新增绿化面积约 270 万平方米，并加大管理投入，聘请专业团队保护绿化成果，保证绿化建设的可持续发展，让保护环境和生态文明理念植入人心，不断培育并创建“绿色细胞”。至 2017 年，梅李镇共有绿地面积达 177.11 万平方米，绿化覆盖面积 190.22 万平方米，公园绿地面积 15.44 万平方米。梅李镇于 2012 年获得国家园林城镇称号。

清水河道（2017 年）

2017 年梅李镇主要公园占地面积一览表

表 6 单位：万平方米

名称	绿地面积	公园占地面积
聚沙园	3.37	4.78
人民公园	1.83	2.38
健身中心公园	2.39	2.83
银塘公园	1.72	1.98
天字公园	1.35	1.72
新天地广场	0.80	1.40
师德苑公园	0.59	0.98
总计	12.05	16.07

绿色建筑 梅李镇加强建筑的绿色设计和节能设计，全镇新建项目均通过建筑设计方案节能审查。墙体、屋顶等大力推进垂直绿化，立体打造绿色生活环境。

2017 年梅李镇绿色节能建筑统计表

表 7 单位：平方米

序号	项目	用地面积	建筑面积	地址
1	天和佳苑一期	87092	169954	梅李镇天字路
2	天和佳苑二期	63362	217315	梅李镇胡琴路
3	良基天赐公寓	6631	13028	梅李镇人民路
4	永新花苑	33531	26362	梅李镇将军路
5	中和佳园	18190	33513	梅李镇聚沙路
6	观景园一期	5307	22513	梅李镇恒丰街
7	富佳名苑	48745	28060	梅李镇聚沙路
8	新景水岸	14608	22865	梅李镇通港路
9	尚尊佳苑	18484	27726	梅李镇寺泾路
10	珍南佳苑一期	6620	10000	梅李镇珍南村
11	珍南佳苑二期	25529	39055	梅李镇珍南村
12	凌云山庄	31046	37255	梅李镇人民路
13	恒丰置业	1209	2174	梅李镇赵市老街
14	聚沙佳苑	33373	47000	梅李镇聚沙村
15	师德华府	31605	50000	梅李镇胜法村
16	兆丰佳苑	26665	43000	梅李镇师桥村
17	聚沙景苑	24449	41259	梅李镇通江路
18	依云小镇	47304	82000	梅李镇江夏路
合计		523750	913079	—

通江路（2017 年）

功能设施

文化设施

文化馆所　梅李镇共有馆所 5 家，分别是梅李历史文化博物馆、培华美术馆、徐建新钱币博物馆、冯新民根雕艺术馆、苏州吉成酿造科普馆。

梅李历史文化博物馆位于梅李镇梅东路 63 号。该馆于 2008 年由原位于常熟西门大街的常熟市级文物保护单位“爱日精庐”整体迁建而成，博物馆占地 1300 平方米，建筑面积 1000 平方米，其中展厅 700 多平方米。

培华美术馆（2017 年）

培华美术馆位于梅李镇天字路，于 2015 年 10 月开馆，为里人殷培华在家乡创办的一家民办公助美术馆。该馆总面积 1400 余平方米，其中包括 1000 平方米多功能展览厅，还有工作室、办公室、交流室、专用教室等。

培华美术馆馆内展览（2017 年）

徐建新钱币博物馆位于梅李聚沙园内，为里人徐建新于 1992 年元旦创办，为常熟市唯一一家经市文管会、市文化局批准，市民政局登记注册、具有法人单位资质的私立博物馆，也是常熟历史上第一家私人博物馆。

冯新民根雕艺术馆位于梅李聚沙园内，为里人冯新民创办的梅李镇首家家庭艺术馆，并于 2015 年正式对外开放。该馆设有 100 余平方米的展览厅，有根雕工作室和根雕交流室，展厅陈列有 500 余件根雕作品。

苏州吉成酿造科普馆位于梅李镇聚沙路 11 号，在苏州市吉成酱业酿造有限公司内。该馆分为主展厅和酿造车间参观通道两部分。馆内辟有进入生产车间的参观通道，通过多个观察窗，了解吉成木桶酱油的酿造流程、加工场景。

钱币博物馆（2017 年）

吉成酿造科普馆（2015 年）

文化中心 于 1980 年 9 月建立，是常熟首批批准建立的文化中心。1985 年 11 月，中共中央顾问委员会委员魏文伯参观梅李文化中心，亲笔为文化中心题名。1989 年文化中心迁入聚沙园，有两组古典建筑为活动用房，一组为茶园，一组为活动室，面积总计 2000 余平方米。文化中心由梅李文化站负责管理，并组织开展文娱、体育、大型游园会等群众喜闻乐见的活动，组织书法、绘画、摄影、文学创作等业余爱好者召开座谈会、研讨会，还组织朗诵比赛、演讲比赛等活动。利用节假日，组织开展灯会、文艺会演、龙园会书、主题宣传、迎新春送春联等活动。由文化中心自编自导的各类文艺节目，每年送戏下乡演出多达 30 场。《梅林》是文化中心创办的一份乡镇文学季刊，至 2017 年年末，出刊 140 期。运用“连环画”形式，宣传弘扬地域文化，已经出版 5 本。

教育设施

普通教育 梅李镇域内有高级中学 1 所、中学 2 所、中心小学 3 所、中心幼儿园 3 所，还有 1 所民办学校。至 2017 年秋，在校学生数为 10655 人，其中新市民子女按积分进入公办九年制义务学校就读人数为 199 人。常熟市梅李高级中学位于梅李镇学府路 1 号，学校占地约 7 万平方米，建筑面积 5 万余平方米，该校址是 2012 年政府投入 2 亿多元资金易地新建的，2014 年正式启用。是年 11 月，经江苏省教育厅评估院专家评审委员会评定，梅李高级中学成为省四星级普通高中。至 2017 年秋，梅李高级中学有教学班级 33 个，学生 1599 多人，专任教师 162 多人，有中高级职称教师 97 人，特级教师 3 人，苏州市学科带头人 6 人，市级以上学科、学术带头人 33 人，硕士研究生 19

人。学校先后获得“江苏省绿色学校”“江苏省禁毒示范学校”“苏州市教育科研先进单位”“常熟市文明单位”等荣誉称号。

社区教育中心 梅李镇社区教育中心校位于梅南路，学校占地面积9000平方米，校舍建筑面积2100多平方米。该校有6个标准教室，有大会议室、小会议室，功能设施完善。该中心配有专职管理人员3名，专职教师7人，兼职教师16人，均具有本科或大专以上学历。

社区教育中心在2015年通过省标准化社区教育中心专家组验收，成为省级合格标准社区教育中心。社区教育中心在全镇18个村（居）按省级标准建立市民学校。至2017年年底，已有9个村（居）完成江苏省“市民学校”创建工作，并通过省级验收，跨入省级市民学校先进行列。2016年度社区教育中心共举办各级各类培训班219期，参加培训5.4万人次，占全镇常住人口58.4%。2017年度举办各级各类培训班，参加培训5.2万人次，占全镇常住人口56.2%。

健身设施

健身场所 梅李镇政府重视体育健身设施建设，于2009年建成体育健身中心。该中心位于梅李镇人民路北侧，内有篮球场、网球场、乒乓球场、羽毛球场、儿童乐园等活动场地，有健身步道和休闲走廊，有体育健身设施和儿童游乐设备。镇区内建有健身步道8000米，镇域内中小学校运动场馆免费对外开放，集镇区以及各村都建有运动场地和活动场所，配置体育设备、健身器材。建成师德苑、银塘公园等7个公园、常浒路西入口等4个街头游园，满足居民休闲、健身、娱乐活动的需求。健身意识和健康理念已经融入市民百姓日常生活。在聚沙园、人民路公园、体育健身中心、健身步道、中小学运动场等地进行晨练、散步、广场舞、健身，已成为广大居民的一种生活习惯。

居民健身活动（2013年）

老年活动中心 该中心位于梅李镇人民路北侧，建筑面积7800余平方米，于2010年建成。中心内设有门球馆、舞蹈房、棋牌室、健身室、书画室、图书阅览室、电教室、会议室、办公室、体质监测室等，还建有室外门球场地1块。该活动中心由梅李镇老年人体育协会负责管理，并举办科学健身、病人康复讲座，开展健身气功、太极拳、木兰、健身跑、腰鼓、老年气排球、柔力球、门球、棋牌类、文艺戏曲类、舞蹈等培训活动。

医养设施

梅李人民医院 位于梅李镇人民路5号。该院创建于1951年，当时由个体中、西医生组建而成梅李联合诊所，1965年10月，更名为梅李中心卫生院。2008年9月，梅李镇政府投入6500余万元易地新建梅李中心卫生院。新建医院占地面积3万余平方米，绿化面积1.47万平方米，建筑面积1.6万余平方米，其中业务用房1.4万平方米。2012年，梅李中心卫生院晋升为二级乙等综合性医院，并更名为梅李人民医院。梅李人民医院是集医疗、急诊急救、预防保健、公共卫生、计划生育、康复保健为一体的乡镇综合性二级乙等医院。至2017年年末，医院职工人数为219人（含合同制人员），在编人员147人，其中卫技人员131人。梅李人民医院先后被评为苏州市精神文明单位和常熟市精神文明单位。

梅李人民医院（2017年）

梅李颐年苑（2012年）

梅李镇颐年苑 位于梅李镇人民路。梅李镇颐年苑是按照江苏省级文明敬老院标准建造，于2010年1月正式投入使用。该苑占地3.5万平方米，总投资达4000余万元，建筑面积近2万平方米，内有门球场、篮球场、羽毛球场、网球场、健身场地、乒乓球室、娱乐活动室等体育活动设施。该苑拥有280余张床位，房间按照三星级宾馆配置，寄养方式采用自理、半自理和全护理三种，是集五保老人、寄养老人、残疾人庇护为一体的老年人福利中心。至2017年年末，颐年苑有工作人员51人，入住寄养老人250余人，入住率达90%以上。梅李镇颐年苑先后被评为江苏省“文明敬老院”、苏州市“文明敬老院”。

民生保障

教育 教育资源布局合理，适龄儿童100%接受九年义务教育，有96%的学生能够进入高中阶段各类学校继续学习。实行新市民积分管理，开展新市民积分入学工作，新市民吸纳率达85%。2017年3月，举办苏州市镇级“市民学校”示范现场会。镇社区教育中心根据失业人员、失地人员及外来人员的需求，先后开设中式面点、中式烹饪、保育员、绿化养护工等培训班，2017年共培训360人。积极主动与企业对接，根据行业特点和企业需求，开设服装缝纫工、叉车工等培训班，为企业员工开展职业技能培训，不断提升在岗职工的技能水平，全年参训人数共计4600多人。

就业 规范企业用工行为，坚持做好各类用工服务和就业援助工作，完善劳动争议调解仲裁处理机制，持续加大对企业用工行为和人力资源市场的监管力度，构建和谐劳动关系。2017 年，新增就业岗位 3095 个，城乡失业人员实现就业 6328 人。提供高校毕业生就业岗位 686 个，高校毕业生就业率 96.1%，辖区内被征地农民就业率达 99.58%，城乡登记失业率控制在 1% 以内。办理就业困难人员申请手续 509 人，援助就业困难人员再就业 477 人。另外发布招聘信息 3199 条，共招聘 11856 人，成功就业 10215 人。

社会保障 社会保障体系健全，实现户籍劳动年龄人口参保全覆盖，2017 年度居民基本医疗保险基金应参加人数 32285 人，实参加人数 32097 人，参合率 99.42%。稳定就业的外来职工社会保险参保率达 83.02%。社会救助体系健全，2017 年，慈善募捐筹集善款 900 余万元，发放民政经费 1385 万元，社会化运作的日间照料中心有 5 家，梅李颐年苑入住寄养老人 250 余人，入住率达 90%。

医疗卫生 持续推进基本公共卫生服务均等化，2017 年珍门社区卫生服务中心新大楼建成投用；农村妇女两癌筛查惠及 6900 余人次，扎实开展家庭医生签约服务，累计签约 6044 人次。成功创建江苏省健康镇。

天宇村日间照料中心（2015 年）

社会管理 加强社会治理体制机制创新，在全市乡镇中挂牌成立第一家“城市综合治理联动指挥中心梅李分中心”，同步推进村“六位一体”警务室和社会治理联动工作站一体化建设。重视国家安全工作，率先在苏州地区开展“综合战训基地”建设，建成全市乡镇第一个“全媒体信息管理中心”、第一套数字化应急通信指挥系统和应急智能广播系统，率先整合视频监控系统，立体化社会治安防控体系愈加稳固，案件发案率同期下降 6.55%。至 2017 年年底，建成村级监控 1060 个、社会面监控 145 个、抓拍系统 73 套，推进技防入户 850 户，全镇刑事案件发案率连年下降。成立梅李镇公共法律服务中心，与接访中心、调解中心、法律援助中心形成“四合一”工作模式，做好各类矛盾纠纷、来信来访调处工作，成功率 100%。

05009
Kubota
PRO488

现代农业

梅李镇是江苏省农业现代化示范镇、苏州市城乡一体化发展综合配套改革试点工作先导区、常熟市中央财政旱涝保收高标准农田示范重点县项目实施镇。镇万亩设施蔬菜生产基地是首批苏州市级现代农业园，且被列入苏州市菜篮子工程直供生产基地。

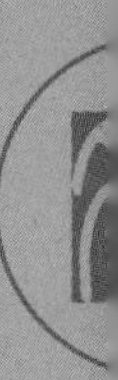

建设发展

基础概况　梅李历史上分为稻区和棉区，以种植水稻、三麦（小麦、大麦、元麦）、棉花、油菜为主，搭配种植蔬菜和杂粮。境内盐铁塘以西，大部分农田地势低洼，土质以棕灰、青灰色亚黏土及淤泥为主，多种稻麦，习称低田稻区。盐铁塘以东，则地势高亢，土质以黄棕色粉砂与粉质亚黏土为主，多种棉麦，习称沿江棉区。

高标准良田保护区（2017 年）

1978年中共十一届三中全会后，域内农村实行经济体制改革，开始实行家庭联产承包责任制。1983年，全镇各村陆续推行分田到户联产承包责任制，以此调动广大农民的生产积极性，发展农业，提高农民收入。随后，域内农村进一步调整种植结构，棉区三麦、棉花种植面积大幅减少，扩大蔬菜种植面积，原梅南、胡琴两村先后成为常熟市蔬菜生产基地。建立杂粳制种基地，初步形成制种与大面积栽培配套的完整体系。1996年，梅李镇“泗优422”优质稻种植面积1万多亩，成为江苏省第一个万亩杂粳稻种植镇。1998年9月，镇域农村开展土地第二轮承包，把土地承包期延长30年。同时，对承包土地进行适当调整，稻区实施两田（口粮田与责任田）分离，凡不承包责任田的农户，可以只保留口粮田，剩余土地由当地或外地人承包，一批新的种田大户应运而生，他们承包的土地少则十几亩，多则几十亩、上百亩，家庭联产承包责任制得到新的发展。棉区也同样实施土地承包责任制。

进入21世纪，梅李镇不断调整和优化农业产业结构，逐步形成水稻、蔬菜、果品三大主导产业。2010年全镇粮食种植面积2万余亩，以稻麦轮作或稻油轮作为主，全年实现粮食产值6686万元。由于从事农业人数减少，推广水稻规模化种植、产业化发展成为必然趋势。梅李镇建立“政府引导、科学规划、村级操作、农民参与、市场运作”的水稻产业化发展模式，改变水稻生产千家万户分散种植的传统模式，逐步实行土地向大户集中流转的新模式。截至2010年年底，全镇共流转土地1.1万亩，占粮食生产总面积的40%，有百亩以上的粮食经营大户28户。梅李镇政府重视蔬菜基地建设，优化蔬菜种植结构，完善基础设施。至2010年年底，全镇蔬菜种植面积2.2万亩，设施栽培面积比重达55%，年产各类蔬菜6万余吨，年产值达1.5亿元。

发展规划 2010年，梅李镇委托南京绿博农业策划有限公司编制《梅李镇现代农业产业发展规划（2011—2020）》。该公司通过分析梅李镇现代农业已有的发展基础和产业布局，对今后10年全镇农业发展目标、产业结构、工作重点等提出整体规划方案，为推进区域农业现代化进程提供依据。该规划于2011年5月10日通过专家组的论证。

规划总则是在遵循现代、高效、低碳的发展理念前提下，以龙头企业、龙头合作社为引领，以新型农民为主体，以农业重点项目建设为抓手，通过高标准农田建设、农业三新（新品种、新技术、新模式）工程实施、农村公共服务平台构建等措施，夯实现代农业发展基础，形成以设施蔬菜精品园艺为主导、以粮畜生态健康循环种养业为特色、以农副产品加工物流贸易为增长点、以农业休闲观光为补充的现代农业特色产业群，拓展农业发展领域，拓宽农业发展途径，推进现代农业产业优化升级，为区域现代农业树立示范样板。

规划目标是要建成以“高效精品蔬果区、优质高产粮源保护区、多元农业发展区、现代化加工贸易中心”为框架的现代农业生态产业园。高效精品蔬果区以优质精品蔬菜、优质瓜果生产供应为主要内容，提高精品蔬果质量，为超市、社区、酒店、外企等单位提供直销配送产品。优质高产粮源保护区以落实基本农田保护任务、确保粮食安全为主要功能，实现产量、质量、效益同步提高。多元农业发展区以探索新型农业种植、创意型农业展示、高新农业技术示范、生态观光休闲为主要功能，创建集常规种植、特种种养、休闲娱乐、科普教育于一体的生态平台，展示梅李现代农业多元发展前景。现代化加工贸易中心以延伸农产品发展产业链、提高农产品附加值、调节农产品均衡上市、压缩流通环节、节约商贸成本为主要功能，提升梅李农产品品牌地位和竞争力，构建持续稳定的市场销售与供应。

项目建设 梅李镇根据发展规划，坚持以科学发展观为指导，以产业转型升级为核心，以建设社会主义新农村为着力点，巩固农业的基础地位，发展农业、致富农民、繁荣农村。进一步加快现代农业建设，拓展农业发展领域和空间，全面构建农业持续增效、农民持续增收的农业发展新格局。

至 2017 年，梅李镇实施基地型农业建设，创建农业品牌。全镇建成以沈市、珍南、寨角、塘桥为核心的 1.8 万亩水稻产业化基地，建成以新丰、珍北、聚沙为核心区的 1.2 万亩标准化蔬菜生产示范园区，建成 2000 亩“海明”长江休闲生态观光园，建成集物流中心、农副产品交易批发零售、农副产品保鲜仓储、电子商务、餐饮服务等多功能于一体的现代化专业市场。全镇有绿色食品 15 个、有机食品 35 个、无公害农产品 26 个，有认证无公害基地面积达 3.8 万亩。“海明”牌蔬菜获“江苏省名牌农产品”“苏州市知名商标”称号。“吉健”牌无核紫提、“吉健”牌葡萄通过国家绿色食品认证，同时被评为苏州市名牌产品。“缘木记”吉成酱油先后获“苏州名牌产品”“苏州市知名字号”“江苏省旅游特色产品”等称号，蝉联“中国国际有机食品博览会最佳营销奖”。

优质粮源区

标准农田 梅李镇积极推进农业现代化建设，坚持稳定农业生产，巩固提升粮食主导产业，建设万亩水稻高标准农田，将粮源集中种植区的沈市、珍南、寨角、塘桥等村，作为梅李镇万亩水稻高标准农田保护区。该区域总面积1.8万亩，多年来以种植水稻为主，形成一定的规模。

梅李是“常熟市中央财政旱涝保收高标准农田示范重点县”项目实施镇，项目总面积为11000余亩，其中灌溉面积7237亩，项目总投资4609万元。该项目分两期实施：一期工程梅李沈市排灌区于2012年4月底完成，新建灌溉站14座，新建衬砌渠道70.8千米、渠系建筑物488座、生产桥4座，清理引水沟道9.9千米，水土保持9.9万平方米，新建道路15.4千米，道路绿化2.1万平方米，新建农桥2座，平整土地14.5万平方米；二期工程梅李珍南排灌区于2013年6月底完成，新改建灌溉站16座，新建衬砌渠道35千米、渠系建筑物1290座、生产桥5座，清理引水沟道10千米，水土保持5万平方米，新建改建闸6座、排涝站3座，排水沟坡加固0.8千米，排水沟堤加固1.2千米。

梅李是“国家农业综合开发常熟市高标准农田建设示范工程”项目实施镇，项目总投资1320万元，于2012年年底完成。该项目主体位于梅李镇珍南、寨角等村，总面积1万亩。项目以农田基础设施建设为重点，农田水利基础设施投入达90%以上，新建排灌站12座，建设衬砌渠道37.2千米，埋设暗管0.5千米，建设农桥4座，建设4米宽沙石机耕道路7.8千米。

通过项目的实施，基本实现灌排设施配套、农田平整肥沃、田间道路畅通、农田林网健全、生产方式先进、产出效益较高的总体要求，使得粮食生产全程机械化率达到100%，万亩高标准粮源农田初具规模。

规模经营 梅李镇对域内优质粮源种植面积实施村级集体土地资源化整合，通过公开招标，确定土地经营户。至 2017 年，全镇粮源产业化规模经营面积达 2.4 万亩，占全镇粮源总面积的 96%。有百亩以上的粮源经营户 80 多家，提升了粮源规模经营水平，有力地促进了农民增收。通过粮源产业化土地流转，在寨角、赵市、师桥、珍南等村组建了 13 个集体经营土地股份合作社，入社总数 7640 户。

粮源土地规模经营以后，为提高农业机械化水平提供便利。至 2017 年，全镇拥有大中型拖拉机 79 台、中型拖拉机配套机具 300 台、插秧机 70 台（其中高速机 40 台、手扶机 30 台）、手扶拖拉机 74 台、各类高性能联合收割机 39 台、其他各类高效设施农业机械 60 余台套。小麦机收率近 100%，机耕率 100%。全面推广商品化育秧和水稻机插秧技术，全镇水稻机插总面积达到 1.6 万余亩，并建立粮田配套服务类专业合作社 9 个。在沈市、珍南、寨角、塘桥等村建立市水稻高产增效示范方，示范方总面积 1.04 万亩。创建省级小麦高产示范方和水稻高产示范方，经省级专家实产验收，小麦亩产达 539.3 千克，水稻亩产理论测产达 761 千克，均达到江苏省 A 级方标准。

互联网 + 合作社 “互联网 + 合作社”是由合作社、家庭农场、农业大户和生产者参与经营的互助经济组织。该组织依托互联网平台，实现信息服务助农“种对、卖好”、技术服务助农“高产、高效”、购销服务助农“省钱、赚钱”的目标。

梅李寨角村凭借水稻种植基地优势和创新农业发展理念，2015 年年初，通过“互联网 +”，尝试实物众筹模式运营优质大米。寨角村按 200 亩基地建设标准，发行 400 个会员名额，每份 1000 元。在众筹过程中，为了使参与者了解水稻种植详细情况，寨角农场专门申请“寨角稻香”微信公众号，定期以图文、视频的形式推送水稻生产相关信息，让众筹参与者能够清楚地了解大米从育秧到栽种、从收获到加工的全过程。寨角农场生产的每批次成品大米都拥有自己的二维码身份证，用手机扫描，就可追溯水稻生产全过程。

科技指导中心 梅李镇科技指导中心是镇政府农村工作局的一个内设机构，其工作内容是以“水稻绿色高产高效创建和增产模式攻关”为平台，围绕万亩高标准粮田水稻示范区建设，突出科技导向，强化技术创新，提高农业“三新”技术推广覆盖面，提升整体品位。该中心积极做好科技入户工程，开展科技普及和农民培训工作，运用各种手段，把农业信息与技术传授给农民。对域内 40 余户规模种粮经营户进行新技术、新农艺培训，加大持证职业农民培训力度，培育现代职业农民，年培训农民 700 人次。推广新品种，优化品种结构，调适茬口布局，积极引进新品试种，丰富调优适种品种，突破稻、麦茬口搭配，解决创高产的瓶颈。小麦新品种以扬麦 14 号、16 号为主，水稻新品种以常优 5 号、2 号和 3 号为主，同时扩大常农粳 7 号、南粳 46 号的种植面积。运用新技术，重点做好机插秧等先进适用技术的普及培训，加大商品化育秧推广力度，在水稻核心区寨角村等地，建立商品化工厂育秧供种中心，着力提升万亩优质粮食生产基地的综合生产能力，重点建设以寨角、珍南、沈市为核心的万亩优质水稻生产基地。

精品蔬果区

蔬菜基地 万亩设施蔬菜基地主要位于新丰、珍北、聚沙等村及赵市海明长江休闲生态观光园。该基地种植各类蔬菜，有叶菜类、块根块茎类、茄果类，还有丝瓜、黄瓜、番茄、菜椒、茄子等 50 多个品种，全年蔬菜产量 7 万余吨，总产值超 1.2 亿元。该基地被列为江苏省菜篮子工程生产基地，并于 2014 年 9 月，被认定为首批苏州市级现代农业园之一。

蔬菜生产基地（2017 年）

大棚种植

管道蔬菜

梅李镇加大资金投入，提高现代农业基础设施水平，推进高效农业示范基地建设。至 2017 年年末，已累计投入超 2 亿元，建成钢架连栋大棚 5 万平方米、6 米钢架大棚 40 万平方米、8 米钢架大棚 8 万平方米、防虫网 4 万平方米、新建并硬化村级机耕路 18 千米、新建“U”型渠道 22 千米、新建泵站 25 座，实现蔬菜基地节水灌溉全覆盖。引进管道式水培快速生产设备，利用穴盘基质育苗、肥水一体化灌溉、采用防虫网覆盖，开展管道式水培叶菜种植试验，并应用新技术管理，生产高品质绿色食品叶菜类产品。管道蔬菜先后试验种植空心菜、生菜、毛白菜、青菜、苋菜、芹菜、香菜、蓬蒿等叶菜类品种 10 余种，均获得成功。

示范基地　该基地位于梅李镇赵市海城村，紧邻长江。该基地原是长江滩涂湿地，由于地理位置和自然条件等原因，蔬菜种植业发展缓慢。2006 年，组建常熟市海明蔬菜园艺场，发展蔬菜种植业。2008 年 5 月更名为常熟市海明现代农业发展有限公司。公司重视基础设施建设，建成防虫网设施 600 亩，钢架大棚 420 亩，喷滴灌面积 2500 亩，蔬菜种植业有了较快发展，成为苏州市菜篮子工程直供生产基地。

高架无土栽培

迷你南瓜

育苗

玉米八卦阵

玉米迷宫

亲子抓鱼

休闲小屋

秋天的樱叶

江边帐篷

露天烧烤

海明农业基地俯瞰图（2017 年）

公司主要生产和销售各类超市蔬菜，销售范围覆盖苏州地区的大型超市、星级宾馆饭店、企事业单位、中小学食堂等，在常熟及苏州开设多家农产品专卖店。至2017年年末，公司年销售优质蔬菜2500万千克，销售额1亿多元。公司还辐射带动周边农户1500多户，种植面积6000多亩，实行规模化种植、基地化管理、标准化生产、组织化运作、超市化销售，形成公司+基地+农户的蔬菜产业化经营组织模式。

该基地严格按照标准化生产，重视品牌建设，取得很大成效。2010年，通过HACCP食品安全保证体系认证，"海明"牌蔬菜获"江苏省名牌农产品""苏州市知名商标"称号。常熟市海明现代农业发展有限公司先后获得"全国绿色食品示范企业""江苏省农业产业化重点龙头企业""江苏省农业科技型企业"等称号，被国家环保总局认定为"国家有机食品生产基地"。至2016年年底，企业获得有机食品认证23个，绿色食品认证2个，无公害农产品认证12个。

葡萄基地 位于梅李镇珍北村。2000年，梅李珍门一农民在珍北村流转土地15亩，开始吉健葡萄的产业化种植。2005年3月，成立常熟市吉健葡萄科技有限公司，并开始规模化引进葡萄新品，优化种苗繁育，推广新技术。2010年，公司投入300余万元，新建钢架连栋大棚60余亩，流转土地100余亩，并通过组建常熟市富硒生态农产品合作社，联结全市108户葡萄种植专业户，统一种源提供、技术指导、农资配套供应等标准化生产方式，葡萄生产基地扩大到2000余亩，形成"公司+合作社+基地+农户"的产业化经营组织模式，实行规模化种植、标准化生产、差异化发展。至2017年年末，基地面积达2500余亩，拥有100余亩的猕猴桃观光生产基地1个，50余亩的大棚樱桃采摘基地1个，10余亩的草莓立体无土栽培采摘园1个。年产优质葡萄3000余吨，年销售额5000余万元。

吉健葡萄基地于2003年成功注册"吉健"牌商标，并通过江苏省无公害农产品产地和产品认证。2004年被省农林厅批准为无公害果品基地，"吉健牌"无核紫提、"吉健牌"葡萄先后通过国家绿色食品认证，获得苏州市名牌产品、苏州知名商标、常熟市质量信誉产品等称号。2007年，公司被认定为常熟市级农业龙头企业，2011年升级为苏州市农业龙头企业。至2017年年末，获得江苏省农业标准化（葡萄）示范基地、苏州市级果蔬标准园、苏州市高校果树示范基地、苏州市优秀科普示范基地、苏州市农业科技型企业。

吉健葡萄（2016 年）

合作组织 梅李镇重视蔬菜基地建设，成立蔬菜合作社，并动员村民流转土地，引导农民通过入股、转包等形式组建合作社，并规范合作社经营管理方式，完善管理措施，提升市场营销能力，提高村民收入。至 2017 年，梅李镇先后成立新丰蔬菜专业合作社、聚沙蔬果专业合作社等 10 个。

新丰蔬菜专业合作社位于梅李新丰村。该区域村民以种植蔬菜为主业，有丰富的蔬菜种植经验。2010 年 10 月，组建新丰蔬菜专业合作社，吸收社员 113 名，并于 2011 年 5 月进行工商登记，从组织载体上规范合作社运作。合作社以村合作农场的形式进行生产经营管理，并为社员提供蔬菜种植与销售、生产资料购买、技术指导、市场信息等服务，并集种苗培育、产品加工、成品销售为一体，为合作社发展壮大拓展新空间。合作社还通过政策推动，加快推进土地流转，引进新项目新品种，优化调整种植结构，使产业布局更为合理。合作社积极推进农产品品牌建设，搭建农产品营销平台，构建完整的生产、加工、储藏、销售产业体系。

蔬菜收购（2015 年）

聚沙蔬果专业合作社位于梅李镇聚沙村，由聚沙村集体专业合作社、聚沙蔬果专业合作社发起，联合苗木专业合作社、家庭农场以及村民 89 户于 2014 年 8 月组建而成。该合作社种植面积 480 亩，建有 8 米标准化钢棚 45 个，连栋大棚 4400 平方米，防虫网栽面积 1.4 万平方米，实现合作社成员设施农产品种植钢棚覆盖率 80% 以上，节水灌溉面积全覆盖。合作社依托现代高效设施农业示范区的科学指导和科技服务，对各成员进行高效设施农产品的种植、销售、推广等项目指导，为合作农场成员提供农业生产资料和销售信息服务。

为农服务中心　梅李镇为农服务中心位于镇万亩高效设施蔬菜示范基地中心区域，于 2011 年 10 月成立。该中心设有镇蔬菜基地管理办公室、农资供应点、农产品质量监督管理服务站。

蔬菜基地管理办公室主要负责蔬菜基地生产管理，并与企业、超市等单位对接“菜篮子”产销工作，帮助基地农户制定生产标准，提供技术指导，公布市场信息，建设蔬菜标准化生产监测体系，建立田间生产档案。重视蔬菜新品种的引进，并积极开展培训活动，指导 3 个专业合作社蔬菜基地的茬口布局和正常运作。负责新丰、珍北、聚沙 3

个村的土地流转，规范土地经营管理。

农资供应点是常熟市政府农药集中配送连锁点之一，由镇农服中心负责经营管理，按照“政府采购、统一配送、零差率销售、信息化管理”的原则，为1.3万亩蔬菜生产基地提供规范、标准的农药保障。该点全年配送蔬菜三大类55种农药，配送农药金额达30余万元，从源头上保证农产品质量安全。2016年8月，农资供应点安装新型测土配方施肥信息查询触摸屏一体机，为农户提供施肥信息。农户只要在一体机上查询，就可掌握地块土壤养分信息，知晓农作物施肥方案，可以根据方案有针对性地进行选肥、配肥、施肥。

农产品质量监督管理服务站内设30平方米的农残检测室，有完善的32通道农药残留检测设施1套，田间速测仪2套，年检测农产品800余批次，做到田间速测和室内监测相结合，确保为省级菜篮子工程提供安全可靠的蔬菜。建立蔬菜监测点，积极配合上级部门每月对蔬菜产品例行检测，年送样本量100余份，合格率99.5%以上。建立生产记录档案，对域内主要生产基地、蔬菜专业合作社实施“生产登记、产品检测、标准管理、全程监控”的质量监管机制，通过规范管理，确保农产品质量安全，逐步实现农产品质量可追溯。

多元农业区

休闲农业 梅李镇以发展休闲农业为契机，充分利用紧靠长江的天然资源，丰富功能开发，加大配套设施建设，做大、做响休闲农业、观光农业，放大农业的外部功能，建成以赵市长江边为主要基地的休闲农业生态园。该园位于梅李镇赵市海城村，北临长江，有大量的滩涂湿地资源，植被繁茂，物种繁多，生态资源丰富，具有良好的自然环境。园区东西长约1800米，南北宽约600米，占地面积约2000亩，于2012年开始建设。至2016年，园内建有宽7米的双车道柏油公路4千米、生态沟渠15千米，有蔬菜种植700余亩、水产养殖200余亩、休闲垂钓水面100余亩、果园及果林家禽养殖300余亩、修复滩涂绿化500余亩，还有可容纳150余人用餐的有机餐厅1个。休闲生态园开发观光农业，至2016年，建成有机生活体验馆，该馆集“生产、加工、销售、观光、旅游、休闲功能”为一体，有农产品加工、蔬果采摘、农事体验等项目，建有蔬菜主题公园，内有蔬菜和植物创意休闲区、瓜果叶菜创意区、八卦植物迷宫阵、水稻创意艺术区，园内还有休闲沙滩园、时光隧道园、万人抓鱼园、动物亲子园等休闲活动园。

观光、采摘草莓

红豆树基地 该基地位于梅李镇海城村，面积300亩，于2015年7月创建红豆文化园。该园以红豆为主题，集红豆文化旅游、红豆园林绿化、红豆衍生产品、红豆苗木培育和销售于一体，是红豆产业生态文化示范基地。园内有红豆培育基地，每年培育红豆树种苗达6万余棵。至2017年年末，园内种植红豆3000余棵、桂花1000余棵、香橼1万余棵、樱花300余棵、牡丹200余棵、荷花130余棵，还植有梅花、樱花、月季、牡丹、紫藤、荷花、桂花等其他各色植物。园内植有日本紫藤品种多达数十种，有300余米紫藤长廊1条，还有红豆林、月季园、牡丹园、桂花林、荷花池、绿竹园等景点。园内有红豆诗社创作基地，定期开展红豆文化研究创作，为广大诗词爱好者提供一个学习创作和互动交流阵地。

畜禽养殖基地 梅李镇畜禽养殖以生猪、羊、家禽为主。全镇有省级生猪规模场2户，省级家禽规模场3户，苏州市级生猪规模场11户，苏州市级家禽规模场2户，畜类主要分布在沈市村、寨角村，禽类主要分布在师桥村、新丰村。至2017年年末，畜禽存栏数为：猪1.2万余头、羊2100余只、鸡5万余羽、鸭4000余羽。

梅李生猪养殖场位于梅李镇沈市村，创建于1992年。猪场占地15亩，建筑面积7000余平方米，有生产用房15栋，设商品育肥猪舍、分娩舍、保育舍、母猪舍、公猪舍、隔离猪舍、饲料加工舍等。猪场有职工8人，其中专业技术人员3人，均为大专以上学历。养殖场商品猪年存栏数为2600余头，年出栏数为3800余头，主要销往本地市场。猪场推行网络化管理模式，建立严格的饲养管理制度和科学的生猪免疫程序，在规划布局上做到生产区与生活区分开、净污分设和干湿分离、雨污分离。在生产区内配集粪池、排污沟、晒粪场和堆粪仓等无害化处理设施。至2017年，该养殖场先后获得“江苏省畜牧生态健康养殖示范基地”“江苏省动物防疫合格示范场”“江苏省畜禽粪便综合利用示范场”“江苏省畜产品质量安全示范场”等称号。

师桥生态岛位于常熟市梅李镇师桥村，土地总面积2.5万余平方米，其中珍禽养殖5000平方米，种植面积1.2万平方米，水产养殖面积8000平方米。2017年，生态岛引进全自动、全封闭蛋鸡饲养设备，年存栏蛋鸡3万羽，日产鸡蛋2.5万个。生态岛三面环水，并与长江水相连，具有优质自然水资源的生态环境，适宜各种动植物的生长。生态岛内有孔雀、火鸡、野鸡、野鸭、清脚麻鸡等各种珍禽，为它们创造纯天然的生存环境。岛内重视环境治理，添置环保设备，废水、废气、废渣和噪声都得到有效控制，所有外排废物达到Ⅰ类排放标准。岛内建有休闲观光区、生态养殖区、绿色蔬菜种植区，有休闲垂钓、生态餐饮、特色采摘、农家小屋等多个休闲观光点。

加工商贸区

交易市场 农副产品交易市场创建于2003年12月，位于梅南村梅南路。2012年，梅李镇根据产业发展要求，以大市场、大物流、大产业集聚为基础，科学规划，对原有的交易市场进行扩建改造。改造后的交易市场占地面积65亩，建筑面积3.5万平方米，于2013年年底竣工。该市场是集物流中心、农副产品交易批发零售、餐饮服务、购物休闲等多功能于一体的现代化专业市场，年交易额超8亿元。交易市场形成农副产品交易步行街和综合服务区，步行街分为农副产品批发区和零售区：批发区主要从事蔬菜、粮油、水产、肉禽蛋、水果、副食品等六大类商品的批发交易，实现年批发额3亿元；零售区是常熟市菜篮子工程的重要组成部分，市民可以在该区放心消费，丰富自己的菜篮子品种。综合服务区建有银行、邮政、电信、餐饮、住宿、物流储运等配套服务设施。

加工项目 梅李镇重视农产品加工商贸物流业建设，重点扶持农业龙头企业，提高龙头企业与种植业、养殖业、加工业的联结度，促进农产品增值增效。至2017年，建成净菜超市配送、农产品专卖店、蔬菜物流运输等工作网络，实现年销售超亿元。建成海明蔬菜冷冻保鲜配送服务中心，该中心占地面积50亩，有采后预冷、质量监测、冷藏保鲜、商品化加工等物流配送基础设施，实现富余产品调节入库、淡旺季均衡供应。发展蔬果产品精深加工，加强蔬果产业后延，增强蔬果余缺调剂能力，确保农民收益。吉成公司采用有机食品种植基地的优质大豆、小麦为主要原料，生产的“缘木记”品牌有机酱油畅销国内外市场。不断延伸产业链，将农产品加工向纵深发展，发展米业深加工，形成梅李大米、精米、糯米粉等系列品牌。2017年实现农产品加工值12.5亿元，全镇农业增加值实现3.86亿元，农村居民人均收入达2.7万元。

电子商务中心 该中心在梅李镇农副产品交易市场内，于 2014 年投入使用。该中心有 800 平方米的农业智能信息化展示大厅，开通网络信息服务系统，是集电子商务结算、网络营销、批发系统、配送系统，农产品交易价格实时播报等功能于一体的信息化商务服务平台。该中心与信息科技公司、农业龙头企业合作，研发多媒体自助终端、互联网、4G 无线网络，以 B2C 电子商务为载体，通过互联网联结生产者、零售商与消费者，涵盖产品发布、网上订购、网上支付、电子账户、物流配置、意见采集、交易管理、质量追溯、无线通信等基本功能的农产品网上销售平台，消费者可以通过网站、自助终端、呼叫中心、手机应用、虚拟货架等多种渠道，以现金、网银、支付宝、银联卡等多种方式随时订购自己需要的产品，从而形成集种植到配送于一体的产业链，减少流通环节，降低供应成本。

常熟市文物保护单位
张氏“爱日精庐”
常熟市人民政府
一九八二年十一月十七日公布

文物古迹

梅李有塘桥北罗墩古文化遗址，该遗址是环太湖流域的一处良渚文化遗址，距今已有 4500 余年。境内还有西汉开凿的盐铁塘、宋代的聚沙塔和月河桥、明代的刘神堂、清代的涌金桥等。至 2017 年年末，境内有国家级文物保护单位 1 个，市级文物保护单位 6 个，市级文物控制保护建筑 2 个。

聚沙塔冬景（2016 年）

文物保护单位

聚沙塔被国务院公布为全国重点文物保护单位；刘神堂、爱日精庐、张氏古宅、月河桥、涌金桥、抗日碉堡被公布为常熟市级文物保护单位。

聚沙塔

聚沙塔位于梅李镇梅东路聚沙园内，全名“聚沙百福宝塔”。据载，宋绍兴年间（1131—1162）由邑人钱道者所建。聚沙塔系取《妙法莲华经·方便品》“乃至童子戏，聚沙为佛塔，如是诸人等皆已成佛道”之中“聚沙”二字为名，以镇潮水冲激。聚沙塔八面七级，塔身为青砖扁砌实墙，塔室为正方形，底层正方位开门，其上各层相闪四门四窗，以上施腰檐平座，低层有副阶周匝，翼角起翘。塔内有楼板及扶梯，可盘旋而上，直至塔顶，系仿木塔楼阁式砖木混合结构。该塔虽经历代修葺，但仍保留宋塔的形制和部分较完整的构件，对研究江南宋塔有较高的价值。塔内木构为明清维修之物，系

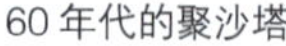

60 年代的聚沙塔

80 年代的聚沙塔

仿宋代形制更改而成。塔壁内外留有部分粉刷灰浆残迹，有土红色及白灰浆两种，白色为后来所加，土红色亦符合宋代《营造法式》所谓“丹粉刷屋舍”之制。塔底为“须弥座”筑件，据文物部门考证，此法在国内现存古塔中极为罕见，过去仅有书籍记载，在全国古塔中殊为珍贵。塔下原建有“法云禅寺”，北有古银杏两棵，高过于塔。后寺院塌毁，尚存银杏 1 棵。

历代维修 聚沙塔因受火灾和风雨侵袭，损毁严重，历代都有维修记载。明崇祯十年（1637）时重修，换塔顶钵体。清康熙六年（1667）夏，又换刹杆下的横木。乾隆三十一年（1766），僧雪林与里人邓氏兄弟三人集资重修，并由县令康基田撰记。道光十年（1830），楼梯楼板及飞檐走廊为野火所废，仅存顶上三层，后也日益残破。1912 年 6 月 15 日，塔顶最上部被飓风吹坠，与宝顶同时坠下有铜小佛十八尊，抄经一部，塔图一帧，惜于 1937 年遗失。塔身自此逐渐倾斜。1981 年 11 月 10 日，常熟县文物管理委员会为减轻塔顶负荷，将倾斜的覆钵和塔刹取下，后将他们保存在梅李历史文化博物馆内。铁铸的覆钵上有阳文三行：“大明崇祯十年岁次丁丑四月吉旦众信重修”。承托刹杆的大柁下刻有铭文为：“大清康熙岁次丁未仲夏吉日众信重修”。残破的聚沙塔第七层塌掉一半，其余各层也均有不同程度损坏。1992 年测得，塔身偏离垂线角度为 3° 22′ 37″，塔顶偏离垂线距离为 1.325 米，比 1987 年测量数据增加 23 厘米。

梅李镇政府进行抢救性修复，工程分两步实施。第一步纠偏加固工程于 1993 年 5 月 9 日开始至 9 月 27 日结束，历时 140 天。第二步修复工程于 1996 年 7 月 25 日正式开工，并于 1997 年 4 月 18 日举行塔刹安装仪式。1998 年 3 月 21 日通过国家、江苏省、苏州市、常熟市等有关部门的专家验收。

忠孝梅李

聚沙塔影

古木清风

静中观影

屏山听泉

抗日碉堡

保护与管理 为保护古塔，镇政府决定修建塔院。工程于1997年12月18日动工，1998年8月10日竣工，是年9月30日正式对外开放。建成后的塔院正门面北临池，门前有古银杏广场。正门内立有照壁，院内绕塔四周地面铺小青砖，外围围墙，两边设回廊，南边建殿厅，殿后为鹅卵石小道。院内栽种各种花木，移植树龄逾140年的花卉魏紫牡丹1棵。塔南面有石碑2块，左为清乾隆三十二年（1767）昭文知县康基田撰、里人方春熙书《法云禅寺聚沙百福宝塔》残碑1通；右为重修古塔铭记。

1991年10月，常熟市人民政府将聚沙塔列为文物保护单位；1995年4月19日，聚沙塔被列为江苏省第四批文物保护单位；2013年3月，聚沙塔被列为全国重点文物保护单位。2000年11月，“聚沙塔影”被评为新“虞山十八景”之一。

链接：名人美文

咏梅林塔灯

〔明〕桑孝光

大放明光自毫端，普照真同忉利看。
贯斗纵横星欲乱，缀空错落月疑单。
春回优钵千花现，焰发摩尼万颗团。
似为昏衢燃慧炬，破它长夜九幽寒。

聚沙塔

〔清〕徐涵

西域恒河沙，历劫总不坏。东土弃麻田，转眼变沧海。
若拟杞人爱，陆沈常梦骇。在昔虞邑东，民几化鱼蟹。
幸有浮屠人，幻术那堪赖。宣咒驱天吴，振锡降水怪。
高筑宰堵波，海乡永镇在。名之曰聚沙，志非荒诞治。
七级矗苍穹，晴昼花雨洒。八角鸣凤铃，清霄和梵呗。
每来香林游，望眺心为快。与僧倚层栏，谈笑知梗概。
因指烟海遥，莽势犹澎湃。稽首谢其王，法力一何大。

回廊听雨

荷蒲熏风

园艺方尺

映月廊亭

百步藤廊

绿荫小径

曲径探梅

濠濮间想

清晨闲聊

塔映莲趣

莲峰论艺

茶园书声

佛塔园

法云禅寺聚沙百福塔碑文

〔清〕康基田[①]

梅里法云寺聚沙塔，肇自有宋，爰迨本朝，中更兴废，不知凡几矣。乾隆辛酉岁，前令韩公桐延娄东雪林真靖为住持。雪林悯殿宇颓废，宝塔倾危，慨然以兴复为己任。乃尽变易其俗家田产，计不足以集事，又谋于乡之长者。凡抱布入市者，纳钱一文，谓之布缘。陈子声发、邓氏亦周、翼王葆光兄弟三人，力赞成之。先建大悲阁五楹，继造流梵阁六间。金碧烂然，蔚为名刹。而塔工费巨，屡修屡辍，布缘亦以岁祲停止，迄今几二十年矣。风雨之所剥蚀，狐鼠之所凭陵，虫蚁之所穿穴，摧残毁败，已逾强半。余因公事至乡，止宿寺中。以雪林之贤而能让也，乐与之语，每嘱令募修，辄不应，余深怪之。雪林曰：“稗贩如来，心窃所鄙，加以泊然寡营，不善奔走。募缘非其任也。”余曰：“嘻！此余所以必属之师也。贪于求者，人或疑之。廉于取者，人必信之。师

聚沙塔——全国重点文物保护单位

① 康基田：清代昭文县知县。

其无辞。”不数日，余迁潮州通判。去任，雪林果以余言为然。人天辐辏，工费并集，游屠七级，高跨苍穹，虐雪饕风，倾圮最甚，增新替旧，若有神助。其余方丈、客堂、斋寮、庖湢、山门、廊庑之属，一一重葺。斜者正之，枉者直之，丹漆之剥落润色之，垣墉之破缺者涂塈之。凡用工匠若干指，木石若干丈，砖埴若干载，钱镪若干缗。是役也，经始于丙戌之秋，落成于丁亥之冬。雪林寓书于余，请为碑文。余惟崇台表刹，实镇一乡，不独为佛门善果，亦足为吾儒读书游息之地，非徒务美观、资登眺而已。爰记其创始之难、成功之易，而系以铭曰：虞山蜿蜒海东趋，聚沙宝塔撑扶舆。神龙矫首白苍昊，梅林地脉相为抱。几经浩劫走魑魅，舍利疑从风雨坠。一朝鼎新灿金粟，微示侧势留仙躅。敕授文林郎、升广东潮州府通判、昭文县知县临泉康基田撰，赐进士出身、诰授奉直大夫、吏部文选清吏司额外主事加一级邑人方春熙书，邑庠生邵圣珪篆额。

刘神堂 刘神堂在梅李镇东街109号，始建于明朝中叶，清初重建。因主供宋代抗金名将刘锜，故名刘神堂，据《梅李镇志》载：供刘、季、周、金四神，故又名“四神庙”。于2006年6月6日被公布为常熟市文物保护单位。

刘神堂建筑面积381平方米，占地面积600余平方米，为砖木结构。大殿粉墙黛瓦气势轩昂，镂空屋脊有半人高，东侧有厢房数间，且有旱天井，环境优雅。主殿三楹，抬梁架、园作、扁作、带翻轩，是典型的清代细木作。正中有神台一座，方砖铺地，庭柱上挂有板对一联：“伟绩昭昭亿万世长留宇内，精忠耿耿千百年犹在人间。”主屋檐有精细木雕照枋，与三间屋同宽，内容为三国演义部分场景，九匹战马上的战将舞刀施枪，威风八面，七个步将神态各异，生龙活虎，背景是群山叠嶂、松柏掩映、城郭巍巍，似隐藏着千军万马。此木雕由光绪年间常熟红木雕刻大师朱玉山完成，照枋雕刻精美，体现了当时江南木雕技艺水平。门前场地以黄道砖铺就，砖面被鞋底磨光。在其后院的小天井里，有一棵生长奇特的古枇杷树。由于年代久远，这棵古枇杷树主干的下半截已近半枯衰，在2米多高枯衰的主干上，长着一个像罗汉形状的树庙，上部的树干生长出高低不一的两组须根。

据《常熟乡镇旧志集成》中《新建大悲阁记》一文记载，清乾隆十年（1745），里人吴姓捐资重建刘神堂，其时将庙宇中的刘神塑像寄放在东塔寺之东廊，从此刘神堂和东塔院法云禅寺结下了不解之缘，有当时梅李名士顾甘樵一联为证：“佛火分光想像照顺昌旗帜色，塔铃互语依稀闻都护[①]某公声。”新庙落成后，东街香火鼎盛，人们纷至沓来，拜佛敬神祈盼安康。太平天国时期被毁。光绪十五年（1889）里人募捐再次重建，为平房，砖木结构，共两进，计10间。2009年，梅李镇人民政府决定维修刘神堂，维修工程于5月1日开工，12月31日竣工，历时200多天。修缮是按照古建筑维修的要求，以不改变文物原状，最大限度保留原建筑构件，修旧如旧为原则。主要修缮屋面、屋脊、台阶、梁柱、古式木门窗，黄道砖铺设等。

刘神堂

链接：顺昌之战

刘锜，字信叔，秦州成纪（今甘肃静宁）人。泸川军节度使刘仲武第九子，南宋抗金名将。刘锜骁勇善战，在伐夏抗金的过程中屡立功勋，官至太尉、威武军节度使。宋绍兴十年（1140）三月，朝廷命刘锜为东京副留守。刘锜率兵3万余人，众多将士携带家眷，日夜兼程急驱300里，屯兵于顺昌（今安徽阜阳）城中。此时金兀术以10万大兵进犯中原，连克宋朝的南京

---

① 刘锜初任甘肃右都护职。

（今河南商丘）和西京（今河南洛阳），势如破竹，不日即犯顺昌。刘锜召诸将相计，多数认为敌我双方兵力悬殊，应该回撤。刘锜却主战，说朝廷养兵千日，用在一时，若我等不战而退，很可能被金兵乘势追杀，更严重的是顺昌百姓惨遭浩劫，生灵涂炭，不如大家痛下决心拼死一战，或可死里逃生。刘锜令手下将所有船只全部凿沉，以示没有退路，又派兵士把自己家眷置一古庙里，四周堆满干柴，当众令守卫兵卒曰："如果我军战败，立刻放火焚灭我的家人，以免受辱于敌！"刘锜此举得到全体军民拥赞。于是，百姓将自家门板全部献到城上挡箭，有效地加强顺昌城的防务。不日，金兵果然来犯，宋兵在刘锜智勇双全的指挥下，以一当十，奋勇杀敌，打败数倍于己的强敌，保住顺昌。宋绍兴三十二（1162）年，刘锜去世，赠开府仪同三司，赐谥武穆（一说谥武忠）。宋孝宗时追封为吴王，加太子太保。死后被尊为神。

百姓幸免于战祸，梅李人对刘锜的感激难于言表，随即立庙以供，此举体现了梅李百姓对民族英雄保卫家园，爱护民生崇高品德的敬仰和推崇。

爱日精庐 爱日精庐原址在常熟市虞山镇西门大街187号，系清代嘉庆、道光年间藏书家张金吾宅及其藏书处。原故居尚存二层楼房1所，楼为坐南朝北，硬山顶，面阔7间24.5米，进深11架11.5米，底层檐高3.7米，设有后翻轩及加廊。外有砖刻门楣，上镌福乐寿图案及清光绪年间翰林院编修陆懋宗所补书"树德务滋"额。爱日精庐，取《大戴礼记》"君子爱日以学，及时以行"之意，"爱日"同时亦有尊敬父母之意。爱日精庐于1982年11月17日公布为常熟市级文物保护单位。"爱日精庐"藏书楼作为词条被收入《辞海》。

爱日精庐

2008年，梅李镇政府将常熟市级文物保护单位爱日精庐迁建到梅李镇东街。迁建过程以"不改变文物原貌，结合其实际特点和现存状况，使其得到高质量保护”为原则，严格按照设计要求，尽可能保留原有构件，恢复原有建筑形制、造型、法式特征和艺术风格。在对原建筑拆卸前进行了详细的测绘、拍照和记录。施工严格按照爱日精庐的原结构进行，屋面按原式样恢复，使用原有木构件，并做好防腐处理，对损坏的斗拱等艺术构件，则按其原形式、原材料补配齐全，保证原材料、原形制、原色泽不变。迁建后面积为1000余平方米，成为“梅李历史文化博物馆”。

链接：藏书世家

张金吾，字慎旃，号月霄，江苏常熟人。张家世代藏书，张金吾祖父张仁济（1717—1791），字敬堂，号纳斋，好藏书，家有“照旷阁”，藏书万卷，多宋元刻本。仁济有二子，均嗜书。长子光基（1738—1799），字南友，一字心萱，喜抄书，其抄本有《颍滨诗传》《龙龛手鉴》《新唐书纠谬》《东观奏记》《三辅黄图》《洛阳伽蓝记》等；次子海鹏（1755—1816），字若云，号子瑜，幼年为国子监生，年二十一补博士弟子员，以州同知衔加级授朝议大夫阶，后绝意名场，致力于藏书、读书、刻书。其藏书室名“借月山房”。光基子张金吾40岁时，藏书已达10.4万余卷（实不止于此），遂辟“爱日精庐”蓄之。书多为宋、元之孤本，如王朋寿之《类林》、孔元措之《祖庭广记》、蔡松年之《明秀集注》、吴宏道之《中州启札》等。张金吾毕生于藏书、读书、著书、辑纂、刊书，成果颇丰。曾花12年时间，汇编成一部120卷的《金文最》。张金吾著有《广释名》2卷、《释冕》1卷、《释弁》1卷、《释龟》2卷、《两京新记补遗》1卷、《两汉五经博士考》3卷、《爱日精庐书目》20卷、《藏书志》4卷、《爱日精庐藏书志》36卷、《续藏书志》4卷、《爱日精庐文稿》6卷、《爱日精庐诗稿》2卷；编有《金文最》120卷、《金文选》30卷、《十七史经说》12卷、《诒经堂续经解》1436卷；辑有《尚书义粹》12卷、《邺中记补遗》1卷等。

张氏古宅 位于梅李镇东街11号，是张氏家族宅院，属明清建筑。张氏家族自明代就定居梅李，其先人中仅明代就出过两位翰林。至清光绪年间（1875—1908），张氏家族辉煌兴盛达到顶峰。清道光年间（1821—1850），张家诞生一位德才双全、知书达理的女性，成年后嫁到常熟翁家，丈夫翁咸（清代学政），儿子翁心存（清代宰相），孙儿翁同龢（清代宰相），人称张太夫人。张太夫人百年之后安葬于常熟虞山鹁鸽峰下。

张氏宅院有东西两个院落，各三进一院，即门厅、前大厅、后堂、后院。厅堂之间有庭院和石雕门槛，东西两侧有书房、厢房，后院东侧有住房、库房、辅房。清光绪年间，前厅正中央挂有由翁同龢亲笔题写的匾额“思永堂”。前厅西侧门上，曾张贴过翁同龢中状元后捎给张家的喜报。张氏古宅还珍藏过翁同龢晚年的一帧照片。院内有百年大树和阔叶梧桐，还有金桂、蜡梅、蔷薇、海棠等各种花木。中间有水井 2 口，井水清凉甘甜，常年饮用。张氏古宅经常熟市主管部门批准，由梅李镇政府评定命名，于 2009 年开始在门口悬挂标牌，以示保护。2013 年被公布为常熟市文物保护单位。

月河桥 位于梅李镇南街月河塘之上，故名。始建于宋代。明弘治桑瑜《常熟县志》载：“月河桥，明参政王鼎居此里，弘治间更名紫薇。”明弘治九年（1496）里人湖广左参议王鼎重建，更名为紫薇桥。据桥形制，应属明弘治年间按宋代原构重建，为常熟境内现存年代最早、保护较完整的古桥梁之一。于 1982 年 11 月 17 日被公布为常熟市文物保护单位。

月河桥系单孔石拱结构，桥面与桥墩均用武康石筑，南北走向。桥宽 3.43 米，长 12.8 米，矢高 4 米，两坡各设 20 级踏级。拱券采用分节并列式砌置法，由 7 节石板组成，形制极为古朴。在拱底南端镌刻“紫薇桥”三个大字和荷叶图案，拱底北端嵌砌石碑一通，上镌铭“直隶苏州府同知万祥，常熟县知县杨子器，县丞刘绪、范轼，主簿吴淮，典史徐让，仪官吕嵣监工，石匠高永吉，大明弘治九年拾贰月重建”等题记数行。

月河桥（2008 年）

2007 年，梅李镇人民政府筹资重修，是年 3 月开工修缮，于 6 月底竣工。在修缮过程中，单孔石拱下用木架牢牢地支撑，桥的每一块石板、石条、石基等都被标上编号，确保修缮完工后保持原貌，力求修旧如旧。

常熟市鼓风机有限公司、梅李机械有限公司两家单位为修缮工程捐资20余万元。

涌金桥 位于梅李镇赵市何村集镇中部，俗称佛塘桥。清乾隆二十三年（1758）建。桥面有两条巨石为梁，中间铺长方形石板，其中巧妙放置响板数块，行人过桥踏响板会发出声响，令摸黑过桥者勿相撞。该桥全长14.4米，桥面长5.6米、宽1.8米，桥两端为踏跺式坡道，坡道长4.5米，坡道宽2.85米。条石厚0.3米。桥脚高2.15米。桥面两侧正书“大清乾隆贰拾叁年新建涌金中桥”14字题记。相传“涌金桥下一捧雪”即指此桥。该桥于2011年6月9日被公布为常熟市文物保护单位。

涌金桥（2006年）

抗日碉堡 位于梅李镇南街盐铁塘宫前桥东岸和聚沙园内。碉堡建于1936年，由国民政府军张治中部五军八十七师五二二团二营驻防梅李时为抗击日本侵略军而建。当时在梅李地区主要交通要道共有大小碉堡5座。现存2座，形状大小基本相似，用钢筋混凝土浇筑，长2.5米，宽2.2米，高2.5米，壁厚0.3米左右。2007年6月6日常熟市公布其为文物保护单位。

控制保护建筑

梅李北街71号、73号民居 位于梅李镇北街，系清代建筑，坐西朝东，为冯家居宅。故居整体风貌粉墙黛瓦、朴实无华，为保存较为完整的传统民居建筑之一。

现存南北两组建筑，均二进，硬山顶，砖木结构，占地面积500余平方米。南侧一组两进，通面阔2间7.9米，通进深18.53米。北侧一组，第一进门房，通面阔5间16.8米，通进深7架8.4米；第二进为大厅及两侧厢房，大厅抬梁式，木构用月梁，通面阔3间22.17米，通进深7架10.3米，设前翻轩和天窗，斗栱、雀替雕花，青石柱础，外设封火墙。建筑结构完整，布局合理。于2007年公布为常熟市控制保护建筑。

2016年，梅李镇政府对冯宅民居进行维修保护，以“不改变建筑原貌”为原则，最大限度地保留原有构件和历史信息，保护原有建、构筑物结构，保护原有形制，进行局部修缮整治，达到保护目的。保存原样，以求如实反映历史遗存，对整体建、构筑物风貌采用保存的方式，对个别构件加以更换和修缮，维持现状。更新影响传统风貌的较大建、构筑物构件，采取拆除更新措施。在保持冯宅故居原有的基本平面布局、建筑风格、单体建筑结构形式不变的前提下，对各建筑进行维修保护。对与原建筑外观风貌及平面布局有较大出入的后期改动进行有依据的修复，并对其整体风貌进行协调；对建筑本体出现的残损进行修复和安全隐患的消除，以确保建筑的安全；对水电基础设施进行改善，并根据规范要求增加建筑防火、防雷设备设施。维修保护根据每栋建筑不同的损毁程度及功能要求，采用“揭顶落架及揭顶不落架”方法进行本体维修及大修，最大限度保留原构件，对有碍建筑风貌的后期改建进行调整，对建筑残损之处按原材质、原工艺、原尺寸、原整形性修复。

北街冯宅（2016年）

梅李西街 40 号民居 位于梅李镇西街，系清代建筑，坐北朝南，为陆家居宅。现存建筑二进，硬山顶，均为二层加两侧厢楼，平面成“回”字形布局，占地面积 670 平方米。第一进通面阔 5 间 16.87 米，通进深 7 架 8.87 米，前设翻轩，后置砖雕门楼，上镌“师俭惟贤”四字。第二进通面阔 5 间 16.81 米，通进深 7 架 7.99 米，花岗石柱础，门窗大多为新置。外设封火墙。于 2007 年公布为常熟市控制保护建筑。

古遗迹

冈身 梅李镇境内沿盐铁塘西岸，有一条完全由黄沙组成的绵延低缓的埂沙堤，宽约 100 ~ 200 米，称冈身。经上海复旦大学历史地理研究室用放射性碳素测定，冈身距今约 4700 多年。冈身略微隆起，高于两侧平畴约 1 ~ 2 米，自古以来，冈身成为一条自然的界线。其地形成貌较为奇特，冈身以北为沙壤土，宜种棉花、蔬菜和瓜果；冈身以南为黏壤土，宜种水稻。冈身土质属沙性，乡村建筑大量使用黄沙，即来源于此。70 ~ 80 年代，因大量采掘黄沙，冈身段展现的地貌轮廓已日渐模糊。

贝堤 梅李镇坐落在冈身之上，其南北两街正当冈身脊背。1994 年，梅李镇北街有一处开凿公井，正当脊背之上，所挖掘出土之物为大量的堆积贝壳，其数量甚至多于泥沙。有关部门根据这种状况，测知所谓冈身在考古学中称为“贝堤”。贝壳有成百上千种，均系海生动物，此贝类大量繁殖于海边滩涂。贝堤是梅李由海成陆的最好历史见证。

泻湖 位于梅李镇寨角村白龙潭，距贝堤南侧约 2000 米，为一个 6.7 万 ~ 13.4 万平方米水面的小湖沼。新中国成立之初，当地农民常于此打草、罱河泥积肥，时常会罱起一种大型蚌壳，塘网拖鱼时也会拖起一些类似的蚌壳，其大部分壳体已经风化，但内层珍珠质还保存完好，在阳光下闪闪发光，当地农民称之为“龙鳞”，此潭由此得名“白龙潭”。据查，这种大型蚌壳名为“牡蛎”，是一种海生贝类动物，在内河淡水中不存在。据史料记载，此间一带是由海成陆，在沙土沉积时封闭了一个海湾，自后就成了一个内陆湖泊，在地理学上称为“泻湖”。白龙潭经常有牡蛎出土，后经考证为由海成陆，又近贝堤，人们把白龙潭称为“泻湖”。

北罗墩　位于塘桥村罗墩桥堍。1971 年，当地农民在平整土地时于地表 1.5 米深处发现灰砂陶甑 1 件、石犁田器 3 件。经鉴定，属新石器时代晚期良渚文化遗存，距今约 4500 余年。2001 年 10 月，由苏州博物馆和常熟博物馆组成的沿江高速公路联合考古队对北罗墩古文化遗址进行科学发掘。共开探方 4 个，总面积约 250 余平方米。经发掘发现：商代或之前人工堆筑的残存土墩台基 1 处、商代早期马桥文化祭祀坑 1 个、宋代墓葬 3 处、宋元时期宽约三米渠 2 条、近代灰坑数座。共出土马桥文化时期陶釜、鼎、罐等器物约 10 件（残），晚唐五代所铸开元通宝钱币 10 余枚，五代至宋代瓷器 4 件（残），宋元时期多个窑口陶瓷器残片 300 余片。

青墩　位于赵市林场，盐铁塘西岸古冈身地，是一座由人工堆筑的椭圆形土墩。1975 年疏浚盐铁塘时，从墩下挖出 10 余件几何印纹陶罐，成组合排列状。其纹饰有曲折纹、方格纹、席纹、菱形纹、回纹、网纹等多种，在一罐内储藏有扬子鳄脊骨和牙齿，均已呈钙化状。据专家推测，该墩应属西周至春秋时期的吴文化土墩墓。

古战场　位于梅李、古里、淼泉的交界地段，有三处古战场遗址，分别是梅李的寨角、古里的高场、淼泉的下甲。这三个地名的形成，都和宋代名将韩世忠有关。《常熟地名志》载：寨角，相传韩世忠曾屯兵扎寨于此，故名；高场，驻扎在寨角的韩军，从应仕河进入北高场进行水军演习，故有“校场段”之说，俗称高场；下甲，相传宋建炎三年（1129），韩世忠率军扼守梅李、福山一带。一日，韩带兵到校场段操练水军途经这里，因天气炎热，下令士兵卸下盔甲，后人遂更村名为下甲。这三个地方在地理上几乎是一个正三角形，相互间距离在当地都说是三里，有便捷的水上交通。韩世忠抗击金兵南侵，要训练一支有强大战斗力的水军，这一带的地形地势正合其意。

清代乾隆年间（1736—1795），吏部文选司主事里人方春熙进士作诗一首名《寨角》，诗中写道：“朔风北卷红旗折，百匝刀光寒裹甲，角声震地营门开，铁项将领马前立，武肃分兵镇海东，将军细柳呈军容……”描述了寨角古战场的恢宏场景。在寨角村可以看到 90 年代初寨角人树立的一块巨形石碑，正面镌“寨角村”三个大字，背面刻有铭文：“据史载，南宋建炎三年（1129），韩蕲王曾屯兵扎寨于此，故名……”

江堤 俗称海塘。东起新港镇浒浦老港，西至梅李赵市耿泾塘口，系长江堤岸，清乾隆十九年（1754）为防御长江潮水侵蚀而筑，梅李境内长约4千米。原东起太仓州界，西至王市，长约24千米，高、宽各约3米，现尚存约7.8千米，其中约1.6千米堤段外侧已修筑新堤。堤在1949年后多次修筑，为常熟境内现存较为完好的防洪设施，至今仍然发挥作用。

古河道

盐铁塘

据《重修常昭合志》记载:“盐铁塘相传为吴王濞运盐铁所开。”汉高祖刘邦统一天下建立西汉王朝，大封诸侯王。刘邦的侄儿刘濞于汉高帝十二年（前195）称吴王。当时吴国管辖东阳、鄣郡、会稽3个郡共53座城市，区域范围相当于现在江苏淮河以南和皖南、浙江瓯江流域以北地区，当时常熟为虞乡属会稽郡吴县。吴地地域广大，靠江近海，资源丰富，自然优势显著。刘濞为吴王后，致力于发展经济，主要做了两件事:一是组织百姓炼铁铸钱币，二是依靠吴地拥有很长海岸线的自然优势，利用天然盐场把海水晒煮成盐。然而，大量的铁和盐如何运往外地成为一大难题。西汉时期，江南一带能够通航的河道不多，尤其是还没有一条能运输盐铁所需的河。为此，刘濞下令开凿水运河道，便于运输盐铁，盐铁塘由此诞生并得名。

盐铁塘走向基本与长江平行。《太湖水利志》记载更为翔实，唐代太和元年至九年疏浚的盐铁塘，北受长江水，起自江苏省沙洲县杨舍镇，经鹿苑、西旸入常熟县福山、赵市、梅里、支塘，进入太仓县（今太仓市）直塘，城厢镇，往南流经嘉定县（今嘉定区）葛隆、外冈、方泰，在黄渡镇汇合吴淞江，全长95千米。

历代疏浚 据史书载，东汉至西晋间，始设官吏治理境内盐铁塘；唐证圣元年（695），转运副使毛渐，请官贷钱，浚梅李段；唐太和年间（827—835），疏浚达100余里；明宣德九年（1434），知县郭南浚；景泰五年（1454）巡抚应天等处户部侍郎李敏

浚；弘治二年（1489），苏州通判张旻疏浚盐铁塘；弘治八年正月，工部徐贯会同巡抚御史何鉴开浚盐铁塘18里；嘉靖二年（1523），水利工部郎中林文沛开浚盐铁塘；隆庆元年（1567），巡盐御史蔚元康重浚；万历三十四年（1606），常熟知县耿橘主持疏浚，河面拓宽为4丈，河深比原来增加5尺，疏浚长度约20里；清乾隆二十五年（1760），邑宰康基田檄白茆司周应奎浚梅李至支塘段；乾隆三十一年，又行疏浚。

1917年春，浚赵市洞口桥至珍门六泾桥段；1926年，浚耿泾大石桥至赵市洞口桥段；1934年，浚珍门淘江桥至珍门下塘泾段；1936年，浚上年未浚之段。1952年3月，浚洞口桥至耿泾段；1957年2月，浚洞口桥至梅李交界段；1970年冬，浚盐铁塘梅李至珍门段；1975年，拓浚梅李以西段（常浒河至耿泾）；1981年10月30日，开始疏浚盐铁塘；1989年12月，开工疏浚珍门至赵市段，次年春节竣工。

盐铁塘

整治与保护 盐铁塘贯穿梅李南北全境，境内长 16.55 千米，流经赵市镇区、梅李镇区、珍门镇区。从 90 年代开始，疏浚盐铁塘时保护与整治并举，对河两岸实施绿化升级改造工程，河边种植杨柳、香樟、广玉兰等树木，水绿天蓝，环境优美。1994 年，梅李镇在盐铁塘东面建造商业街，北起通江桥，南至通塔桥，全长 260 多米。1996 年完成修筑盐铁塘梅李镇区两侧驳岸，重点整治盐铁塘两侧道路及其后退空间，对周边建筑采取改造外观、减层、拆除或新建等措施。保护盐铁塘河道两侧埠头、桥头等各种类型的滨水空间，保护驳岸，保护水体。规划恢复东街跨盐铁塘的习善桥，桥梁高度保证航道船只通行。恢复原有桥头开放空间，形成重要的景观节点。保护盐铁塘两岸老码头、河埠的形式及其多样性。

梅李镇利用盐铁塘流经赵市、梅李、珍门形成的优势，规划形成重要发展轴，沿发展轴线安排旅游服务、文化休闲、商业文娱、居住等功能，结合盐铁塘打造梅李镇区南北向的重要景观河道。

链接：名人美文

盐铁塘

〔清〕张学

斯塘自西汉，疏以运盐铁。或谓旱涝年，又以藉蓄泄。
商旅往来多，樯密如林列。潮生浪接天，月皎波翻雪。
横扼梅李塘，依冈势曲折。西连澄江长，东与云间接。
滔滔数百里，长江互吞吸。昔闻韩蕲王，于此御长敌。
吁嗟比年来，半被泥沙塞。

盐铁风帆诗

〔清〕赵拯

三吴水利首三江，大海奔腾向此降。
盐铁论开思汉诏，灌输泽远被畴村。
潮回曲似河流九，樯转经于鸟翮双。
更喜沿村鸡犬静，夜深月上挂篷窗。

梅李塘 又名梅林塘、浒浦河，1961年更名为常浒河。常浒河全长21.8千米，流经梅李镇域6480米，为梅李境内重要引泄河道与交通航道。

50年代的梅李塘和聚沙塔

五代十国吴越（907—978）时，梅李塘为海虞二十四浦之一。旧时梅李塘是以梅李为界，西到城区大东门段称梅李塘，东到浒浦口入江段称浒浦塘。因其不仅是重要的水上交通要道，还因其东入长江，具有调节水量的作用，历来为官民所重视，宋、元、明、清朝曾多次拓浚，并在长江口置闸。明弘治十一年（1498），提督水利工部郎中傅潮，浚梅李、浒浦两塘。明嘉靖二年（1523），林文沛开塘浚河浦，包括梅李塘。清雍正五年（1727），发帑兴修江南水利，遣江苏巡抚陈时夏等开浚梅李塘。清光绪十七年（1891），开梅李、浒浦塘。

1926年春，浚淘沙泾至塔基段。1934年，工赈浚治梅李东市梢至庄浜桥段。1958年冬，拓浚梅李塘。梅李市镇至长江边一段较弯曲，另开新河，河道底宽30米。梅李市镇段的拓宽和驳岸建设至1961年春竣工，并将重浚后梅李塘更名为常浒河。1991年6—7月，连降暴雨，梅李西段河道较窄，因受河道中鱼簖及突出的堤岸等障碍，泄洪受到影响。稻区田亩大多被淹，酿成灾害。嗣后进行了清障治理，挖深河床，对河道做进一步的疏通。同时在市镇两岸修建驳岸，以加快河水流速，确保泄洪通畅。

梅李塘（2013年）

海洋泾 海洋泾原是海虞二十四浦之一，早在五代吴越时期，其入江口就设闸控制。海洋泾起于常熟大东门外后桃花村东北（耿泾四椏叉），向东北流，途经兴隆、周行至何村新桥头与萝卜泾交汇后折西绕北，流经朱村七坊桥进入裁弯取直河段直至圩港洞口桥交盐铁塘抵城湾，循海城河在先生桥（桥名）与大皇塘出口处汇合，经海洋泾闸流入长江，闸下河口段长 200 米。其中何村以上河段原称何村塘，旧称哮塘。何村以下曾称海洋泾尾段，洞口桥段称圩港塘，现统称海洋泾。全长 15.1 千米，境内段长 6720 米（新测）。底宽 6 ～ 8 米，底高程 0.5 米，是主要引泄航运河道。海洋泾常引潮灌溉，易淤易浚，上游河段较顺直，下游段多曲弯。1982 年已局部裁直，2008 年对海洋泾进行拓浚整治。拓浚裁直后在境内长 6400 米，宽 44 米，其主要功能是引排水，为常熟城区引进长江水，进一步改善水环境。

古寺庙

吉祥禅寺 位于梅李镇南街市梢。旧名吉祥庵，相传建于三国赤乌年间（238—251），故又名“赤乌古刹”，为常熟境内最早建造之佛教庙宇。该庵有观音殿、方丈室、禅房等庙屋 20 余间，树林荫翳，竹径通幽。庵前有土冈一道，高约 5 米，长约 50 米。冈上树木繁茂，中有枯树一株，上刻有“赤乌遗迹”四字，相传孙权之母吴国太到庵进香，曾系舟于此树。惜于 1939 年为台风吹倒。

吉祥庵历经沧海桑田，古刹屡有兴废，却代有修葺。据史载，清道光三年（1823），里人陈敬天捐资重修；至光绪二十八年（1902），住持优婆塞朱勇莲又重修。1994 年 12 月，常熟市人民政府批准将吉祥庵设立为梅李镇佛教活动点，是月 3 日（农历十一月初一），由市佛教协会、镇政府领导、兴福寺方丈妙生及十多位僧人和当地佛教徒数十人，在梅南村吉祥庵原址东南侧举行奠基仪式，兴福寺僧人为奠基做功德佛事，近千信徒顶礼膜拜。经一年多的施工，庙宇基本落成，更名为吉祥禅寺，并于 1996 年春节举行天王殿落成暨开光典礼，开放活动，迎客烧香。1998 年，市佛教协会派兴福寺僧人静慧（原为梅李镇聚沙村人，幼年出家）到寺主持事务。镇内皈依佛门的佛教信徒 有 30 人，绝大多数是老年妇女，男性仅 1 人，参加佛事活动时穿黑色交领长衣。翌年，在天王殿两侧建造了两排厢房，西侧为生活用房，东边有卧佛、观音等殿堂，并将收集的神像移置其内。每逢佛教节日，香客络绎不绝。2007 年常熟梅李佛教活动点升格为寺院，由释界斌法师担任常熟吉祥禅寺住持。

现每年主要佛事活动有正月初九日供天法会、二月十九日观音法会、四月初四日文殊法会、四月初八日释迦佛诞、五月二十三龙王佛事、六月十九日观音法会、七月十五日盂兰盆会、七月三十日地藏法会、九月十九日观音法会、十一月十七日弥陀法会、腊月初八日释迦法会等。

吉祥寺

福缘寺 位于常熟梅李镇赵市青墩。旧名福缘庵，亦称青墩庙。相传初建于南宋，清嘉庆十五年（1808）重建。庙基东西北三面河塘围绕（东韩家宅基塘、北盐铁塘、西陈巷塘）。正殿后有一土墩，百年来历次疏浚河道，堆土积泥成墩，呈椭圆形，高约8米，满坡植有松柏、冬青，常年翠绿，遂有青墩之称。庵内原供有菩萨、周神、猛将、关公等，有殿堂12间，厢房6间，1958年废。2003年10月，常熟市人民政府批准将福缘庵设立为梅李镇赵市佛教活动点，随即由圩港村村民陆祖根等人在原福缘庵旧址西、盐铁塘南改建，并更名为福缘寺。现寺院围墙内占地2000余平方米。2006年9月29日，福缘寺大雄宝殿奠基。寺前有银杏树6棵，树龄约60年。

福缘寺

中国孝爱文化之乡

孝爱之乡

梅李镇孝爱文化源远流长。东汉、三国时期，涌现“二十四孝”中的“三孝”。至后代，孝爱事迹举不胜举，堪称“孝子之乡”。梅李镇先后获“江苏省文明镇”“中国孝爱文化之乡”“孝爱文化传承基地”称号。

“二十四孝”在梅李

梅李是一个崇孝的地方，自古以来流传着许多孝亲故事，“二十四孝”故事中的“三孝”都发生在梅李。

扇枕温衾 黄香，东汉江夏安陆人，9 岁丧母，事父极孝。酷夏时为父亲扇凉枕席；寒冬时用身体为父亲温暖被褥。少年时即博通经典，文采飞扬，京师广泛流传“天下无双，江夏黄香”。汉安帝时任魏郡（今属河北）太守，魏郡遭受水灾，黄香尽其所有赈济灾民。著有《九宫赋》《天子冠颂》等。后黄巾起义，为避战乱，黄香率家人及宗族辗转到江南，死于离乱之中。其家人及宗族流浪至梅李定居。后裔为其作衣冠冢于镇南郊“龙尾巴梢”。

黄香像

链接：黄香墓

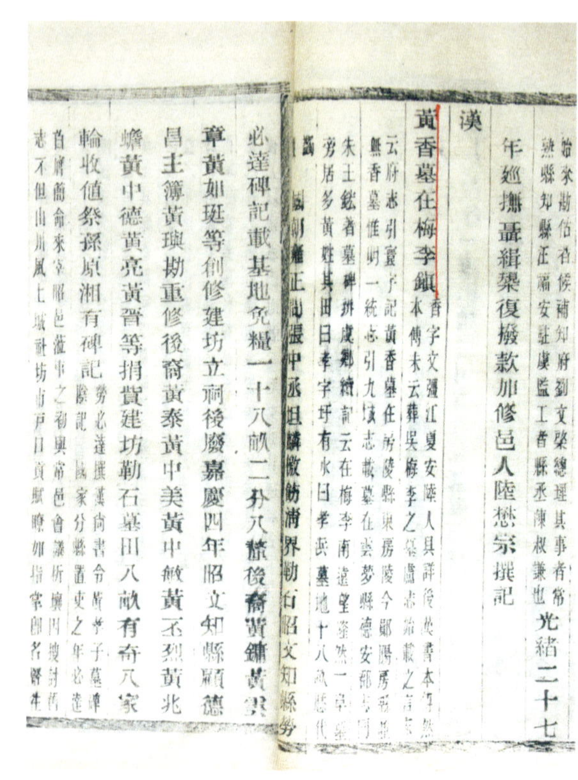
始終勘估召修補知府劉文檠總理其事者常熟縣知縣汪福安駐廣監工者縣丞陳叔謙也光緒二十七
年巡撫聶緝槼復撥款加修邑人陸懋宗撰記
漢
黃香墓在梅李鎮香字文彊江夏安陸人具詳後漢書本傳然本傳未云葬吳梅李之墓虞志始載之吉安
云府志引寰宇記黃香墓在房縣東房陵今鄖陽房縣無香墓惟明一統志引九域志載墓在雲夢縣德安府與同
朱士鉉者墓碑拼虞鄉續記云在梅李南遙望巍然一阜墓旁居多黃姓其田曰孝字圩有水曰孝涇墓地十八畝歷代
國朝雍正間張中丞伍麟檄飭清界勒石昭文知縣勞
必達碑記載基地究糧一十八畝二分八釐後裔黃鏞黃其
章黃如斑等創修建坊立祠後廢嘉慶四年昭文知縣顧德
昌主簿黃璵勘重修後裔黃泰黃中美黃中鮁黃丕烈黃兆
蟠黃中德黃亮黃晉等捐貲建坊勒石墓田八畝有奇八家
輪收值祭孫原湘有碑記勞必達撰漢尚書令黃孝子墓碑陰記國家分縣置吏之年必達
首膺簡命來宰昭邑蒞事之初與常邑會議析壤四境封略
志不但山川風土城社坊市戶口貢賦瞭如指掌即名賢生

《重修常昭合志》记黄香墓

元代卢镇《重修琴川志》节录：“在梅李镇南二里许。香，字文强，江夏安陆人。性至孝，详具东汉本传。宋乾道初，梅李有苏忠翊者，直卜葬，得古冢，乃黄香墓。碑刻皆隶字，首二句八字，中二字不可识：‘延陵慈父葬子博赢，孟光贞口窆夫口吴。’碑阴，会稽南部都尉张纮诔，又有薛综修祠日月题刻，其可辨者八字：‘子琼孙琬，位登三事。’苏氏挈归，夜有光怪，舁弃昆承湖中。”

清代昭文县令劳必达《汉尚书令孝子墓碑阴记》节录：“去东门外一舍，有梅李镇。镇南黄孝子墓，居然隶我境内。孝子，为汉尚书令文强公，讳香，生平本末具载范史，史称公安陆人。后之辑邑乘者，往往疑之。然必达生公之乡，求公墓于云梦县东，文献无征，旧莫知其处。而梅李之墓，见于郡邑前《志》，益深信不贰。”

哭竹生笋

哭竹生笋 孟宗，三国时江夏人，少年时父亡，母亲年老病重，医生嘱用鲜竹笋做汤。适值严冬，没有鲜笋，孟宗无计可施，独自一人跑到竹林里，扶竹哭泣。少顷，他忽然听到地裂声，只见地上长出数茎嫩笋。孟宗大喜，采回做汤，母亲喝了后果然病愈。后来孟宗官至司空，晚年定居常熟梅李。如今，距梅李镇东街三里有笋村，后名孟村，还有孟宗堂（又名官宪堂）庙宇。清潘镐纂《梅李文献小志》中记载："孟宗堂，一名官宪堂，供孟宗像。"

链接：孟宗墓

据《常熟乡镇旧志集成·梅李文献三志稿》记载："孟宗墓，在梅李北。字恭武，讳仁，江夏晋时人。少失怙，事母以孝闻，历仕四朝。晚年流寓东海滨。卒葬于二十六都四图之笋村塘南。事载《郡志》。"又据《常昭合志》载："《虞书》，鸿文（即《常昭合志》总纂庞鸿文）按：今梅李东街三里徐村，有孟宗堂，亦名官宪堂，同治十年重建。"

1959 年 1 月梅李乡龙潭大宅基水利工程出土唐墓志记载敦行乡习善里笋村

刻木事亲

刻木事亲 丁兰，相传为东汉时期河内（今河南焦作）人，幼年父母双亡，他经常思念父母的养育之恩，于是用木头刻成双亲的雕像，事之如生，凡事均和木像商议，每日三餐敬过双亲后自己方才食用，出门前一定禀告，回家后一定面见，从不懈怠。久之，其妻对木像便不太恭敬了，竟好奇地用针刺木像的手指，而木像的手指居然有血流出。丁兰回家见木像眼中垂泪，问知实情，遂狠狠责怪妻子。丁兰后流浪到常熟梅李，定居。现镇北市梢有丁兰墓，天字村有丁兰堂庙宇。清代潘镐纂《梅李文献小志》中记载："丁兰堂，在梅李北二里许，八字桥天字号。"

链接：丁兰墓

据刘本沛《虞书》云："孝子丁兰墓，在梅李北。今以家锄地，或得小木人。"又据《常昭合志》载："《虞书》，鸿文按：梅李北三里天字号，有丁兰堂，光绪十一年，僧永澄重建。"

孝爱事迹

古代孝子

拾父骸还乡 管宝，古代梅李人。9 岁时，其父到陕西经商，一去十年杳无音讯。管宝长大成人，踏上寻父之路，却得到父亲病故客葬异乡的噩耗。他寻到父亲埋葬处，可是盘缠用尽无钱买棺。管宝含泪将父亲遗骸用布包好，千里跋涉背回家中，使父亲魂归故里。路人惊呼：管宝是江南孝子！

弃官守孝 张润，古代梅李人。10 岁时学完《三字经》和《千字文》等启蒙读本，11 岁已把四书五经学得烂熟，被人视为“神童”。12 岁外出参加“童子试”，是乡里年龄最小、学问最好的一个。后因父亲猝染重病而放弃考官，随后他守孝两年，后世为他建祠纪念。

千里寻父 潘武，清康熙年间（1662—1722）梅李珍门人。潘武幼年时父亲经商，离开多年，生死未卜。30 岁的潘武外出寻亲，历十年辗转吴楚秦蜀等八省，终于在会理同父亲见面，后其父决定同返故里。长途艰辛使潘父突然患病，静养三年后最终还是客死黎州。众官员被潘武的孝行感动，皆慷慨解囊相助，潘武才买了棺材回到家中。历十年心酸，完成寻父回归的夙愿。

哭母废目 景流庆，清雍正年间（1723—1735）梅李人。他出生 17 天，父亡，孤儿寡母相依为命，艰难度日。流庆对吃尽千辛万苦抚养自己的母亲尤为尊重、孝敬。后来年过花甲的母亲偶去水栈提水，不慎失足溺死。流庆深感内疚，哀伤过度，天天哭泣，导致一只眼睛失去光明。朝廷旌表，其“孝子”名声家喻户晓。

拯父救母 方焕先，字南枝，清代梅李人。他自幼孝顺双亲。有一次随父出海遭遇飓风落海与父失散，他历尽千辛万苦寻找父亲回家。某年夏天，母患重病想吃柑橘，可夏天没有橘子，焕先晨夕祈祷、哭拜，祈求皇天恩赐，终得一橘，母亲吃后，病情好转，最终痊愈。焕先被世人称为孝子。乾隆年间旌表，立方孝子牌坊。

父殁子随 邓开洲，清代梅李人。从小过继伯父，成年后在本地官府当差。一天得口信知父亲患重症，他立即告假连夜回乡。他服侍病父，求医喂药，昼夜不离左右一年多。父亲撒手西去，开洲悲痛欲绝，终日以泪洗面，因积劳终成疾，仅过一旬后不治身亡。他的孝爱之情，被众人称赞。

家贫亲怡 邓裕民，清代梅李人。邓家祖上经商富足，但是中途败落。邓父晚年不惯粗茶淡饭，哀秋埋怨，与子隔膜。裕民觉察后，竭力辛劳增收，可口的饭菜先让父母食用，父子间的隔膜渐除。母亲生病卧床不起，裕民亲洗溺器脏服、四处寻医，每次煎药后必先尝试才喂母亲服用。家贫却其乐融融，村人皆赞誉。

戮贼身碎 钱亮灿，清代梅李人。年少才能颇佳，议叙九品。刚步入中年，母亲身患重病离世，三年服孝从未露过一丝笑容，人称孝子。后亮灿的父亲不幸被抓。亮灿为救父命入匪窝厮杀，终因寡不敌众而被盗匪杀害并肢解。朝廷闻悉旌表，立祠彰显其孝心。

当代典型

感恩长辈 薛馥华，生于1997年，家住梅李镇珍南村，为“全国孝老爱亲之星”。薛馥华出生第三天，就被现在的奶奶和养父抱养，养父薛建文生于1963年，患有进行性肌肉萎缩症，导致瘫痪，奶奶身体也不好。薛馥华在奶奶和父亲的教育下，从小懂得感恩，孝顺长辈。她3岁学会骑三轮车，5岁学会洗衣服，6岁便会做饭，从小就成了瘫痪爸爸的“双手”和“双腿”。邻居和老师评价“薛馥华这个小女孩很有孝心，小小年纪，就懂得怎样做人，怎样疼人，这样的孩子少见”。她知道奶奶除了照顾爸爸的生活，还要到外面捡废品赚钱，每天她悄悄把全家换下的衣服搓洗干净，把屋子也打扫得清清爽爽。

为照顾父亲和年近古稀的奶奶，又不耽误学习。多年来，薛馥华合理安排时间的同时，还学会了按摩、营养配方等护理知识。薛馥华10岁那年夏天的一个午后，父亲患急性胃炎，需要送医院救治，而奶奶也因重感冒卧床不起，她一人吃力地把父亲拖上垫了软布的三轮车，硬是把父亲送到了离家4千米的梅李医院，直到陪父亲看完病才拖着疲惫不堪的身体回到家，肚子很饿也舍不得花钱买吃的。薛馥华的孝举感动了很多人，她先后获得“梅李镇十大孝星”“全国孝亲敬老之星”等称号，并在2011年8月获评“中国好人榜孝老爱亲好人”。截至2017年，她是获得“全国孝亲敬老之星”称号中年龄最小的一位。

薛馥华带父亲逛街（2009 年）

照顾丈夫　王惠英，生于 1952 年，家住梅李镇梅西街 85 号，为“中国好人、孝老爱亲模范”。1979 年，王惠英丈夫吴强在建筑工地不慎从 13 米高空摔下，导致下半身瘫痪，劳动能力丧失。而当时他们结婚才 3 年，女儿刚满 100 天。祸不单行的是，他们曾经聪明伶俐的女儿，日渐变得弱智低能。

面对巨大的家庭不幸，王惠英没有逃避，她婉拒亲友们劝她改嫁的好意，选择全身心地照顾丈夫，毅然肩负起家庭的重担。她带着丈夫四处求医问药，家里债台高筑。35 年如一日地给丈夫端饭送药，端屎倒尿。平时除了做务家、上市场，其余时间一直陪伴在丈夫身边。王惠英娘家在无锡，她为了照顾丈夫和女儿，竟然八年没回去过。35 年里，王惠英用真心和爱心照顾着瘫痪在床的丈夫，并在 2015 年 5 月登上“中国好人榜”。

王惠英照顾丈夫（2015 年）

孝爱家族 吕明霞，生于1979年，梅李镇寨角村人。“第三届常熟市道德模范”孝老爱亲先进人物。吕明霞是家中长女，结婚数十年，育有二子，丈夫是黑龙江人，大学毕业后就定居梅李。看着自己憔悴年迈的婆婆，还有因患忧郁症离异在家的小叔子，吕明霞做了一个大胆的决定，把婆婆和小叔子都接到身边来照顾。可吕明霞又想到要是让婆婆他们住乡下老屋，周围人又都陌生，而且小叔又有病，丈夫一定不放心，必须让他们和自己住一起。由于原来那套房子也不大，自己的父母都只能勉强住下。她决心再买一套房，让他们和自己住在一起方便照顾。于是她把自己的想法告诉了丈夫，丈夫很感动，夫妻俩再次动用亲戚朋友关系，东拼西凑再加上贷款，在自己新房旁边买下了第二套房。丈夫让老家的舅舅把妈妈和弟弟送来后，吕明霞让一辈子没出过远门的他们到处转了一圈，在大酒店住了一晚，洗澡换了新衣。吕明霞自己平时节衣缩食，身上衣服大多是别人送的，但婆婆他们来了后出门总是记挂着他们，为他们买这买那，不时添置新衣。她还带小叔到处看病，每个月吃药控制病情都需要一两千元。但吕明霞从来没有抱怨过，一如既往地孝顺婆婆。

吕明霞（中）（2015年）

殷健赠送孝爱葡萄（2009 年）

孝爱母亲 殷健，生于 1964 年，梅李镇珍北村人，“梅李镇首届十大孝星”，26 年如一日服侍瘫痪母亲，他在 7 岁时父亲就去世了。1980 年 7 月，正准备参加高考的时候，家庭的不幸再次降临到他的头上。由于长期积劳成疾，他母亲患上了脊椎炎而瘫痪了。经过郑重考虑，他最后作出了放弃高考，留在家里服侍母亲的决定。就这样，殷健整整付出了 26 年的心血和汗水。母亲第一次住院时，臀部出现了一个苹果大小的褥疮，连里面的骨头都清晰可见，在医院治疗期间，母亲的褥疮还是没有好转。回到家后，他四处打听民间偏方，一日三次跪在母亲床前的踏板上，为她擦洗身体、涂抹药膏。一年后，在他的精心照料下，母亲的褥疮竟然愈合了，母亲也坚强地活了下来。他就这样边工作边精心照顾母亲，一人挑起了家中的重担。26 年来天天给母亲喂饭、擦身、按摩用药，直至母亲去世。

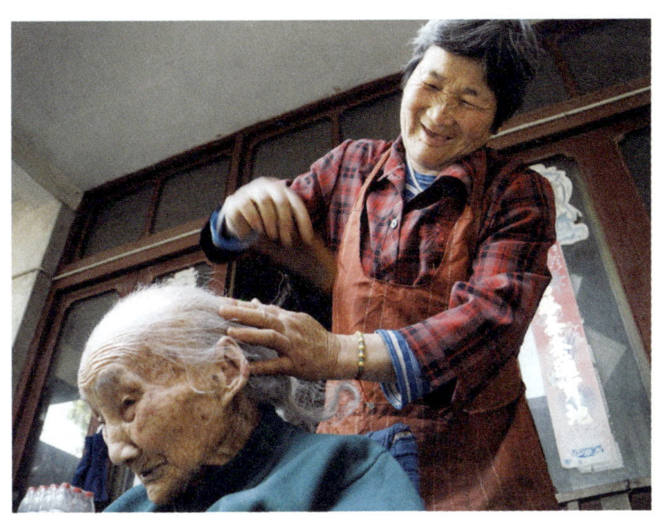
唐静宝照顾婆婆（2014 年）

孝敬婆婆 唐静宝，生于 1951 年，梅李镇赵市村人。“梅李镇首届十大孝星”。1977 年，婆婆因青光眼加重而彻底失明，她毅然辞去在村办企业的工作，承担起家务和农活。每天晚上，总要等到婆婆睡着了，她才安心入睡。有时她会借来三轮车，推着婆婆外出走走。为了便于照顾婆婆，她平时省吃俭用，但舍得为婆婆买

来时令蔬菜和水果吃。为了让婆婆解馋，她特意学会了做酒酿。1993 年唐静宝家搬迁，盖了两层楼。但她从没在楼上住过一天。因为婆婆在楼下，他们两口在婆婆对面房间住，方便照应。每天晚上 11 点多临睡前她总要到婆婆房里看看，天冷时就给婆婆掖好被子，天热了就及时点上蚊香，撑好蚊帐。一直照顾到 2016 年 3 月婆婆去世。

链接："孝爱在梅李"活动主题歌

《孝道歌》

柏明观　词　　徐新国　曲

听一听二十四孝，问一问父母可好，五千年的大中华，讲的是孝道。谁不是父母生，谁不曾爹娘抱，走进了孝子之乡哟，我才知道，二十四孝是永远的街头童谣。

谁能够长生不老，谁不需要儿女照料，祖祖辈辈多少代，重的是孝道。你也有儿女，你也会衰老，走进了孝子之乡哟，我才知道，二十四孝是现代流行曲调。

二十四孝，二十四孝故事；二十四孝，二十四孝，二十四首童谣；二十四孝，二十四个孝子；二十四孝，二十四座航标。敬一敬爹，孝一孝娘，孝敬爹娘是千年不变的中华大调。

孝爱组织

"孝爱文化"是梅李特有的具有地域特征的文化形态，至 2008 年，梅李孝文化已形成氛围。如今梅李所创的"孝爱文化"是一个涵盖面非常广的文化概念，梅李的"孝爱文化"对江南水乡乃至全国都产生了广泛影响，具有鲜明的地域特征和深厚的历史底蕴。

孝爱文化系列书籍

孝爱文化研究会 2008年5月，常熟市梅李镇孝爱文化研究会成立，主要负责研究梅李镇孝爱传承与发展，定期召开讨论会，在全镇进行征文比赛。创作“孝爱在梅李活动”主题歌《孝道歌》。《常熟日报》不定期出版《孝爱在梅李》专刊。2012年开始，研究会定期出版《梅李孝爱文化研究》专刊，至2016年年底，共出版10期；先后出版“人文梅李系列丛书”——《孝和在梅李》《孝爱在梅李》《孝廉在梅李（征文集）》《梅李的故事》《梅李文萃》;《孝道歌》在全镇6所中小学和外来子弟学校传唱;《千年梅李》《福地梅李人间天堂》《美在梅李》《梅李飘香》《梅李香甜》《春意梅李》等11首歌制成音像出版物。

孝爱志愿活动（一）

孝爱志愿者 2014年年初，梅李镇组建孝爱志愿者团体，现有“梅李镇聚沙爱心团队”“梅李孝爱志愿者服务团”和“梅李镇义工团队”等。新建高级老年公寓颐年苑内，有2支孝爱志愿者队伍常年为老人服务。是年5月19日，以维护妇女儿童合法权益、促进社会和谐为主旨的梅李镇“孝和”工作室揭牌成立。“孝和”工作室有56名志愿者参加活动，并接受相关法律知识专题培训。“孝和”工作室以调解纠纷、化解矛盾、沟通心灵为宗旨，志愿者们利用每周六上午半天时间，义务为前来咨询的百姓群众提供帮助、排忧解难。

孝爱志愿活动（二）

孝爱课程基地 2014 年，梅李高级中学“孝爱文化”课程基地成功申报为苏州市高中课程基地建设项目。2015 年 11 月，苏州市教育局组织专家组对课程基地项目进行现场视导，“孝爱文化”成为课程基地建设示范项目。编制《孝爱梅李》《岁月情怀》《梅李雅韵》《梅李人民革命斗争史》《梅李桃诗词赏析》《文化传承》《历史艺术欣赏》《常熟古迹览胜》《现代公民教育》《中学生文明礼仪》等 20 余本校本教材。“孝爱文化”课程基地的建设为梅李高级中学的学生、教师个人修养，以及学校的发展都注入了新的内涵。

“孝和梅李、幸福家庭”指导中心 2016 年 1 月 5 日，梅李镇“孝和梅李、幸福家庭”指导中心成立，由妇联牵头服务，开展多场次的专题讲座和培训，调解多起家庭矛盾，挽回多桩濒临破碎的婚姻。

孝爱设施

孝廉广场 2012 年开辟的占地面积 3000 平方米孝廉广场，位于梅李聚沙园的东面，在广场右则入口处有孟宗哭竹的雕像，刚进广场设有劝孝歌的碑刻，在沿路的脚下有元宝图案，中间写有中国历史上有名贪官的名字，把他们放在地上让人踩踏就是告诫大家做一个廉洁之人。进入广场，右手边的木牌上是新中国成立后党和国家领导人关于勤政

孝廉文化广场（2017 年）

廉政的名言警句，可以看到毛泽东、邓小平、江泽民、胡锦涛、习近平等对廉政建设的要求。在孝廉广场的北侧展示了梅李历史名人李建模、任天石、薛惠民等人，以及中国古代名人的廉洁故事。孝爱广场成为一片寓教于乐的场所，深受当地居民喜爱。

孝爱文化长廊　位于梅李聚沙园东南，2012 年沿常浒河而建，长约 100 米。孝爱文化长廊内陈列着由梅李人书写的有关孝廉的书法作品，让游人时刻谨记遵循孝道。文化长廊和孝廉广场是宣传梅李孝爱文化的重要场所。

孝爱文化长廊（2013 年）

孝爱馆 2014 年设立，位于梅李高级中学综合楼三楼，面积 200 平方米。孝爱馆由五部分组成：第一部分主要介绍梅李古代十四孝及张太夫人育儿故事；第二部分主要介绍梅李革命英烈；第三部分主要介绍好人好事及志愿者活动；第四部分主要介绍历届校友会；最后部分是结束语。

孝廉教育馆 2015 年设立，位于梅李镇成人教育中心底楼。孝廉馆内由四部分组成：第一部分陈设“孝廉为基”“明鉴反腐”“廉洁公正”“德行为先”“服实为要”“勤政为民”等宣传栏；第二部分陈设《中国共产党党员自律准则》的图解栏；第三部分主要是“孝廉进家庭”“孝廉进企业”“孝廉进农村”“孝廉进学校”“孝廉进社区”“孝廉进机关”等活动内容和图片；第四部分为结束语。

张太夫人纪念馆 2017 年 10 月开馆。该馆位于梅李东街入口处，面积约 300 平方米，是常熟市级文物保护单位。里面陈列着“爱心”故事《张太夫人夜绩课子读书图》及“孝心”故事《翁心存、翁同龢月下思怀张太夫人图》，介绍新“十四孝”及梅李的孝爱活动。院墙用砖雕形式展示梅李的“孝爱文化”。让参观者在馆中了解梅李“孝爱文化”的历史渊源，感受梅李“孝爱文化”在今天的感人事迹。

张太夫人故居纪念馆（2017 年）

其他设施　传承与发展优秀的地域文化，离不开对其的发掘、保护和弘扬。在新天地广场设有孝爱画廊，在梅北村设有道德公园，在梅李历史文化博物馆设立孝爱文化专题展厅，以镇域 8 个游园为载体，建立道德文化、法治文化、人口文化等基地，为孝爱文化建立多种承载形式。历代孝子辈出的梅李，孝址众多，孝俗浓郁，多是不可“复制”的珍贵文化遗产。

孝爱活动

孝爱评选

“十大孝星”评选　2009 年，梅李镇在全镇开展以“孝爱在梅李”“学孝星·选孝星·当孝星”为主题的梅李镇“十大孝星”评选活动。宣传表彰孝亲敬老典型，扩大典型示范作用和影响力，弘扬尊老、敬老的中华传统美德，倡导健康、科学、文明、和谐的生活方式，使每一个家庭真正成为中华民族传统美德的传承者、社会主义道德规范的实践者和新型人际关系的建设者，促进和谐家庭、和谐村镇、和谐社会建设，从而为建设和谐新梅李作出新贡献。

“学孝星、选孝星、当孝星”启动仪式（2009 年）

2009 年梅李镇十大孝星一览表

表 8

序号	姓名	所在单位	主要事迹
1	唐静宝	赵市村	孝敬双目失明婆婆三十二载
2	殷　健	珍北村	侍奉瘫痪母亲二十载
3	王建华	常熟三联集团	照顾体弱多病岳父二十四载
4	朱新云	珍门社区居委会	侍奉瘫痪在床父亲十多载
5	薛馥华	珍门中心小学	6 岁开始烧饭，照顾病残养父，担起家庭重担
6	吴淑英	天字村社区服务中心	照顾多病的公婆几十年如一日
7	孙友康	赵市中心小学	久病床前有孝子
8	季丙元	常熟市龙腾特种钢有限公司	捐资助学、助医、助老、助灾区
9	徐云华	天字村	服侍公婆，照顾母亲，无怨无悔
10	张文凤	常熟市永新印染有限公司	到梅李打工几十年，为照顾年老母亲，接母亲到梅李一起生活，尽自己孝心

外来好媳妇、“十佳”好婆媳评比　2009 年 9 月，梅李镇开展外来好媳妇、“十佳”好婆媳评比表彰活动。获外来好媳妇称号的是：寨角村陈开灵、塘桥村王小红、聚沙村胡苗秀、赵市村朱玲娣、圩港村霍三妹、师德村黄爱兰、沈市村徐静、梅李社区杨学莲。获“十佳”好婆媳称号的是：胜法村陈招娣、吴彩珍，梅南村陆大妹、吴雪芬，天字村陈芬芬、徐静亚，海城村邵桂甥、张丽芳，瞿巷村钱桂芬，陆惠英，珍北村钱金妹、茅俊红，新丰村王金玉、朱静月，珍南村金芬芬、薛明芬，赵市社区顾凤云、于淑明，珍门社区李月芬、徐丽芬 10 对婆媳。

"十佳好婆媳"表彰（2010 年）

"恩爱夫妻"评选 2012 年 9 月，梅李镇张四苟、张云华夫妻在常熟市级评选活动中，获"恩爱夫妻"称号。张四苟的前妻因捕鱼不慎落水去世后，留下一双年幼的儿女。20 多岁的张云华走近张四苟，无微不至地照顾他的一双儿女，做到同舟共济、相濡以沫。现在，一家过着父慈子孝、其乐融融的日子。

百对老人金婚庆典（2009 年）

孝爱日发布仪式（2010 年）

"美丽家庭"评选 2014 年，梅李镇举办了"美丽家庭""幸福家庭"的评选活动。评选结果：梅李社区吕平家庭、聚沙村邓建涛家庭、天字村温月琴家庭、天字村肖卫国家庭、寨角村陆小咪家庭、珍南村陆弟观家庭、珍北村殷健家庭、圩港村曹祥生家庭、赵市村陈炳良家庭、瞿巷村潘加元家庭获"美丽家庭"称号；赵市社区陈国春家庭、胜法村金永清家庭、梅南村孙宗岳家庭、塘桥村陆瑞生家庭沈市村朱雪亚家庭、新丰村徐建东家庭、海城村支春芳家庭、师桥村刘建国家庭获"幸福家庭"。

百名好家长评选 2014 年，梅李镇马骏、陈晓英、曹彩芳、顾瑛瑛、邓雪妹、苏婷等 6 名家长在市百名好家长评选活动中获"好家长"称号。

“江苏省孝爱文化之乡”授牌仪式（2010 年）

孝爱在梅李签名活动（2009 年）

最美好妻子、最美好母亲寻访 2014 年，梅李镇开展“好妻子”“好母亲”的寻访活动，表彰先进，树立榜样，弘扬家庭美德，形成孝老爱亲、以德育人的良好社会风尚。活动授予王惠英“最美好妻子”荣誉称号、授予闻雪凤“最美好母亲”荣誉称号。

最美媳妇寻访 2015 年，梅李镇开展“最美媳妇”的寻访活动。此次活动首次采取微信投票的方式，10 天内浏览量达到 22 万余次，累计投票 37977 次，经过初选评、网上投票、事迹展览，最终选出 16 名“最美媳妇”。最美媳妇的感人故事在孝爱梅李的微信公众平台、妇儿活动中心、社区文化长廊等处进行宣传，引起社会广泛关注。16 位“最美媳妇”是：海城村俞贵芬、赵市村唐静宝、珍北村糜建芳、胜法村谢桂芬、珍南村陈建红、沈市村沈宝芬、寨角村吕明霞、梅李社区吴惠、圩港村隆惠珍、瞿巷村瞿玉珍、天字村吴彩萍、新丰村何向明、聚沙村符明芬、塘桥村程朝容、梅南村方利萍、师桥村黄爱兰。

最美母亲寻访 2016 年，梅李镇在全镇范围内开展了“最美母亲”“优秀母亲”的寻访活动。评选结果：聚沙村张雪芳、赵市村温爱英、师桥村龚美芬、梅李社区孙妍、梅李社区张云芬、瞿巷村徐振叶、沈市村陆燕华、塘桥村陈芳、天字村徐雪芬、珍南村杨惠英获“最美母亲”称号。海城村金晓红、梅南村卞丽新、圩港村徐莹莹、新丰村龚三妹、寨角村李燕芳、珍北村顾惠芬、胜法村季丽芳、赵市村褚桂珍获“优秀母亲”称号。

江苏省最美家庭评选 2017 年 10 月，梅李镇吴义纲家庭被评为江苏省“最美家庭”。他的家庭是名副其实的书香家庭，家中有近万册的藏书，先后被评为常熟市“农民藏书家庭”、常熟市“最美市民书房”。“尊老爱幼、理性处事、家庭和睦”是吴义纲一家的家规，吴义纲和妻子关系和睦，把家里打理得井井有条，平时孝顺长辈，注重儿子的素质教育，教导他堂堂正正做人。吴义纲一家与左邻右舍关系融洽，经常为邻居排忧解难，空闲时常参加单位、社区组织的各类公益活动。

孝爱征文

“孝爱在梅李”征文比赛 2009年，梅李镇举办“孝爱在梅李”征文比赛。常熟市鼓风机厂赵志学的《明天，因孝爱更美》、徐建清的《我的慈母》获成人组一等奖，另有3篇获二等奖、6篇获三等奖、12篇获优秀奖。常熟市珍门中学沈燕的《手·心》和常熟市梅李中学曹美亚的《邻里之间》、王雅婷的《妈妈的眼泪》获中学组一等奖，另有6篇获二等奖、8篇获三等奖、14篇获优秀奖。琼宇学校孙蓉的《爱无处不在》获小学组一等奖，另有2篇获二等奖、3篇获三等奖、6篇获优秀奖。

《小荷》“梅李杯”“孝爱文化”全国中小学生征文大赛 2010年12月至2011年9月，由上海《少年文艺》编辑部、中共常熟市委宣传部、常熟市文化广电新闻出版局、常熟市教育局、常熟市梅李镇人民政府联合举办《小荷》“梅李杯”“孝爱文化”全国中小学生征文大赛。比赛分全国赛区和常熟赛区。全国赛区中学组有10人获一等奖、21人获二等奖，小学组有10人获一等奖、20人获二等奖。常熟赛区中学组有10人获一等奖、30人获二等奖、40人获三奖，小学组有20人获一等奖、35人获二等奖、75人获三等奖，另外还设有组织奖、园丁奖、伯乐奖，特别组织奖由梅李镇人民政府获得。获奖者获得证书和奖品，获奖名单在2011年10月的上海《少年文艺》杂志及常熟《小荷》报上刊登。2012年3月，第十二届《小荷》“梅李孝爱文化”全国中小学征文大赛颁奖暨文化专场在梅李镇举行。

“传承孝德，感恩生活”主题征文比赛 梅李镇关工委、梅李镇宣传办及梅李镇团委在2014年7月1日至15日联合举办“传承孝德，感恩生活”征文比赛活动。以“传承孝德、感恩生活”为主题，以慈孝亲情相互关爱的深情大爱为内容，反映孝敬父母、关爱老人的先进事迹，儿女对父母的理解、体贴和各方面照顾的慈孝亲情，父母关爱儿女，对儿女成长、学习、工作、成家立业无怨无悔付出的情感和大爱。比赛共收到50余篇作品。征文比赛设置一等奖1名，二等奖2名，三等奖3名，其余参赛者皆有纪念品一份。

孝爱活动

“孝爱梅李，书韵传香”阅读节 2004年开始，梅李镇每年举办“孝爱梅李，书韵传香”阅读节，旨在营造“多读书、善读书、读好书”的全民阅读的良好氛围，激发更多的家庭和个人热爱读书、热爱学习、热爱生活，不断弘扬书香四溢的家庭文化风尚。至2016年，已经举办12届阅读节并对十佳书香家庭进行表彰。梅李镇还举办青少年、青年汉字听写大赛等丰富阅读节内容。

赠送孝爱葡萄 2006年，梅李镇首次向全镇3310位80周岁以上老人赠送“孝爱葡萄”。2007年开始，享受“孝爱葡萄”的老人年龄由80周岁降至70周岁。至2016年，梅李镇共有109837人享受“孝爱葡萄”，受到普遍欢迎，成为孝爱梅李的又一个传统活动。

孝爱日 2009年5月9日，梅李镇决定将每年5月的第二个星期天也就是母亲节定为梅李的“孝爱日”，将传统与现代巧妙地结合，成为全镇人民的节日。孝爱日期间突出倡导“孝爱文化”中的人格平等性和义务进行的互益性，提倡子女尽孝于父母，而更加重视父母对子女的慈爱与教育，以孝爱促和谐，共建和谐大爱精神文化家园。多年来，梅李镇一直坚持“孝爱在梅李”和“学孝星、选孝星、当孝星”“孝爱在梅李”征文比赛、千名学生感恩签名、广场诗歌朗诵等活动，每年召开“孝爱在梅李，婆媳见真情”主题活动总结大会，评选“十大孝星”“十佳好媳妇”“十佳好男人”，举行“十大孝星”等先进事迹报告会和敬老孝星典型报道。“孝爱日”为深入推进精神文明建设提供有力载体和抓手，进一步提升“梅李孝爱文化”影响力。

走访抗日战争老战士（2010年）

孝爱评弹 2014年，梅李举办首届“龙园杯·孝爱梅李”江浙沪评弹名票大奖赛，吸引来自江浙沪三地的62组、70余名评弹票友参加，得到群众的热烈欢迎。2016年，梅李镇举办“龙园杯”江浙沪“道德评弹”名票大赛暨优秀作品展演。围绕爱敬诚善、优良家风、孝老爱亲、尊师重道、忠孝国家等方

首届“龙园杯·孝爱梅李”江浙沪评弹名票大奖赛（2014年）

面，组织评弹名家及票友创作《家有孝女》《真正的纪委书记》《伟大出自平凡》等短篇弹词，以道德评弹的形式对本省、本地区的道德模范、中国好人等典型进行宣传。孝爱评弹沙龙的票友社每周三定期进行交流学习活动，开展培训活动，排练“孝爱”主题的评弹节目。还定期送戏下乡，将这些传承古今的孝爱故事以道德评弹的形式在梅李广为传颂，丰富梅李孝爱文化的表现形式。

贵州“梅李班” 2015 年，梅李女企业家代表一行 6 人前往贵州省威宁县，跋涉 120 千米的山路到海拉尔乡东风小学探望。2016 年年初，梅李 18 名女企业家装载礼物去看望山区的孩子，为东风小学一个班级捐赠 5 万余元，并命名为“梅李班”。梅李女企业家协会主动对接中国扶贫基金会的“儿童发展计划”项目，把孝爱传递到远方，让千里之外的贫困学生感受来自孝爱之乡梅李的温暖。

梅李小学孝爱教育 梅李中心小学的孝德文化已成为一股清流流淌在学生们的心田。学校每年评选“孝爱之星”，至 2016 年已经坚持 10 余年，全校 42 个班级，每个班的教室门口都展示着这个班“孝爱之星”的事迹，激励着每一名学生做美德少年、明孝顺之礼。学校从“八礼四仪”入手，将孝爱文化融于德育教育中。在 2016 年举办的“孝老爱亲、爱在重阳”主题活动中，引导学生体验与老人之间的浓浓亲情，用自己的行动表达对长辈的孝心。孩子们有的陪老人游园，有的帮老人洗头，并用图片和文字的形式记录下来，在校园橱窗中集中展示，成为校园文化的一部分。2016 年 3 月 3 日，梅李中心小学举办“爱心跳蚤市场”义卖暨“康乃馨、感恩情”活动，全校学生参与其中，所得 2.2 万元钱款一部分存储到学校的爱心基金用于困难学生帮扶，一部分由孩子们购买鲜花送给自己的母亲表达感恩之情。3 月 18 日，梅李中心小学学生代表常熟参加第九届“新东方童星奥斯卡”比赛，参赛作品《孝女薛馥华的故事》获铜奖。

来往书信

创作传唱孝道歌（2009 年）

风土民情

文化如水，润物无声。历史悠久与人文昌盛的梅李地域文化，留下了弥足珍贵的文化遗产，这些文化遗产承载着世间的社会形态、风俗习惯及民生状态，只有充分挖掘，切实保持和合理利用，才能留住“乡愁”，记住“乡音”。

非物质文化遗产

至 2017 年，梅李镇的“梅李木桶酱油酿造技艺”被列为苏州市非物质文化遗产；“梅李龙园会书”“梅李饭粢糕制作工艺”“梅李老土布”“梅李竹编”“梅李灯会”“梅李木杆秤制造技艺”等被列为常熟市非物质文化遗产。

梅李木桶酱油酿造技艺 梅李木桶酱油酿造技艺是指在酿造酱油过程中的发酵、布黄、翻曲等手工技艺，这些手工技艺至今仍然靠师徒相传。2013 年 6 月，“梅李木桶酱油酿造技艺”被列为苏州市非物质文化遗产，梅李木桶酱油生产企业苏州市吉成酱业酿造有限公司创始人吴俊伟获得苏州市、常熟市两级政府评定的“非物质文化传承人”称号。

木桶酱油酿造技艺

梅李木桶酱油的主要原料是有机大豆、有机小麦。这些原料由指定生产基地提供，是非转基因的绿色食品。经加工后的原料放置于木桶（木桶用东北杉木作桶壁、青毛竹片作桶箍制成。每个木桶高3.2米，直径3米，一个木桶需要杉木材3立方米，其单体容量达20立方米），经过一年多的发酵，汲取空气中的有益菌进行自然繁殖，使其原料分解透彻，与自然菌天然合成，形成其独特的风味，被誉为“有生命的酱油”。

梅李木桶酱油执行国家卫生标准，2007年获中国有机新产品GAP认证，同年获中绿华夏有机认证，还获欧盟ECOCERT有机认证、德国BCS有机认证、美国NOP有机认证、欧盟委员会EU有机认证。梅李木桶酱油先后获“苏州名牌产品”“苏州市知名字号”“江苏省旅游特色产品”等称号，蝉联“中国国际有机食品博览会最佳营销奖”。梅李木桶酱油产品远销美国、德国、荷兰、奥地利、葡萄牙、泰国、日本、新加坡等国家和中国台湾、香港地区。2017年1月，梅李吉成酱业通过HACCP食品安全保证体系认证，是年4月，苏州市吉成酱业酿造有限公司生产的“缘木记”有机酱油登录国家认证认可监督管理委员会组织建设的出口食品企业外销“同线同标同质”信息公共服务平台，这是江苏省首个登录该平台的有机食品。

苏州市非物质文化遗产铭牌

梅李龙园会书 梅李龙园书场的前身是清光绪初年的“邓厅”，该厅是临河而建的茶馆。1935年，里人瞿尧良租借“邓厅”，开设书场，是时茶馆、书场合二为一，并改名为“龙园”。1937年，瞿尧良在梅李北街市后重新租赁陈耐奄的马坊棚地基，倾尽家中财力，重建龙园茶馆。新龙园平房坐北朝南，中厅两边是地板厢房，窗明几净，古朴典雅，面积达400余平方米。据史料记载，当时乃至以后几十年时间里，龙园书场在常熟城乡108家茶馆书场中面积最大，环境最好。1986年，龙园书场迁至聚沙园内。2006年6月，“梅李龙园会书”作为老字号被列为常熟市非物质文化遗产项目。

梅李龙园书场是常熟城乡评弹界公认的“常熟评弹第二故乡”“苏州城乡第一书码头”，在江浙沪两省一市评弹艺人心目中是不折不扣的评弹考场。据史料记载：“1935年开馆当年，请来评弹名家杨莲青说《包公》，一连十几天听客场场爆满。”从40年代起，江浙沪评弹名家王禀泉、杨莲青、顾宏伯、陈晋伯、金声伯、杨斌奎、杨振言、杨振雄、周玉泉、蒋月泉、徐云志、严雪亭、王御亭、祝逸亭、邢瑞亭、张鸿声等人，先后到梅李龙园书场献艺。

梅李饭粢糕制作工艺 梅李饭粢糕制作工艺在常熟饮食文化中属传统手工技艺，其制作工序主要是：坯料发酵、蒸煮、烘烤。2008 年，“梅李饭粢糕制作工艺”被列为常熟市非物质文化遗产项目。

梅李饭粢糕

梅李饭粢糕创始于清光绪年间的“陈日升”茶食店，这家茶食店的糕点名师叫陆根司，他制作的糕点以黄俏、香甜、松脆而远近闻名。现在梅李饭粢糕仍然继承 100 多年前的制作工艺，保持原有的风味，香脆可口、甜而不腻，只是在包装上有所创新。至今，梅李饭粢糕常常被作为妇女坐月子时吃的补品，逢年过节走亲访友必带的糕点，也是儿孙辈孝敬老人长辈的必备礼品。

梅李老土布 梅李老土布是以棉花为主要原料经纺织加工后的纯棉织品。在域内，纺纱织布是农村妇女在农闲时节的一项重要副业。梅李老土布的织造工艺较为复杂，从采棉花开始，经轧棉后卷成棉条，再纺纱、化纱、浆纱、盘纱、经纱、穿筘、梳理后上机织布等十几道工序加工，而这些工序非常专业，各道工序一般由一家完成或几家联合完成。域内一般农民家庭都有简易纺车、手推小布机等纺织工具，纺织过程在自家完成。织成的土布，除了供自家生活之需外，还会进行交易。到六七十年代，域内大多数农户仍保留这样一种模式。随着化纤布的增多，纺织土布逐步减少。

土布

1991 年，梅李文化站收集数十种各色梅李老土布，作为民间工艺品参加在武汉举行的

“长江沿线城市民间工艺品联展”，获得一致好评。2010 年 6 月，“梅李老土布” 被列为常熟市非物质文化遗产项目。

梅李竹编 竹编制品在梅李镇已有几百年的历史，早在明嘉靖年间（1522—1566），已有竹器编织的家庭作坊，编制的竹制产品有竹席、竹筛、竹匾、竹架、竹椅、竹梯、簸箕、淘箩等日用竹制品。早期的竹器家具很有艺术特色，如香篮、筒篮，特别是细密篮，一般家庭闺女出嫁时，都要制作一对（两只）细密篮作为嫁礼。这些竹编制品精美细致，工艺独特，广受百姓喜爱，销往四邻八镇，展现自然淳朴的乡土风情。竹编制品所用竹材是经过严格挑选的篾竹、橡竹等，经过破竹、去节、分层、刮平、划丝、抽匀等十几道工序，制作出精细的竹丝达到厚薄均匀、粗细一致，而这些工序全是手工操作。竹编制品在制作过程中全凭双手和一把刀进行手工编织，让每根竹丝依胎成形，所有接头之处都做到藏而不露，宛如天然生成，浑然一体。2010 年 6 月，“梅李竹编” 被列为常熟市非物质文化遗产项目。

竹编（2008 年）

编篾席（2015 年）

梅李灯会 灯会俗称调龙灯，是梅李民间流传的一种大众文化活动，已有数百年历史。2012 年 6 月，“梅李灯会” 被列为常熟市非物质文化遗产。

据《常熟地方小掌故》记载，梅李灯会并不是每年举行的，有隔三四年的，有隔五六年的，悉凭好事者一时兴致，而且东南西北四街，往往同时并举，各扮各的戏名，多至二三十出，如“莺莺烧香”“张生跳墙”“凤仪亭”“昭君出塞”等。灯上扎有“聚宝盆”“五福盘寿”“双鱼告庆”“鸳鸯戏水”等花色，中间还缀以“万寿无疆”等字句。最上一层为“平升三级”，五花八门，各尽其妙。还依照通过各街的先后，分为头棚、二棚、三棚、末棚，事前决定，不得争先。

梅李灯会

自 80 年代起，梅李镇文化站每年春节都要组织梅李灯会活动，民间艺人集中一段时间统一制作，后在梅李聚沙园内展出，参观者络绎不绝。2008 年，在梅李镇纪念开埠 1100 周年之际，梅李灯会作为系列纪念活动中的重要项目在聚沙园举行，吸引各地宾朋好友前往参观。2016 年元宵节，梅李灯会移至赵市片区江南红豆文化园，展示的龙灯有“年年有余”“招财进宝”“春”“聚宝盆”“龙凤呈祥”“马到成功”“三羊开泰”“金鸡报晓”等，吸引众多参观者。

梅李木杆秤制造技艺 顾聚兴秤店位于梅李东街 7 号，其店主顾德金是木杆秤制造技艺的传人。2014 年 6 月，“梅李木杆秤制造技艺”被列为常熟市非物质文化遗产。木杆秤制造技艺、顾聚兴秤店的店名都是由祖上传承下来的。顾德全 13 岁就到常熟小东门师从堂房曾祖叔父，18 岁时满师，继而回到梅李东街钻研学成的手艺。他通过自身的勤奋努力，掌握了木杆秤制造技艺。由于他技术好，质量优，信誉高，他做的木杆秤十分热销。但随着电子秤等现代化衡器的广泛应用，木杆秤渐渐淡出市场。现在用木杆秤的人不多，掌握手工制造木杆秤这门手艺的人就更少。

顾德金老人把大半辈子的精力花在木杆秤上，对木杆秤早已有了一份特殊的感情，制造木杆秤不再是经营生意的需要，而是成为一种生活习惯。他已将木杆秤制造技艺传给他的儿子，他希望这门手工技艺能够继续传承下去，毕竟，这是祖先千百年来一直使用、并代代相传的工具和手艺。

岁时习俗

新年　农历正月初一至初十，称新年。初一叫春节（旧称元旦），年初二开始走亲访友，拜年贺喜，相互请吃。年初三，称“小年朝”，各农户把前两天积存的垃圾倒在田角上，曰“滑田财”。正月初五日路头生日，凌晨起各家要举行接路头、财神、斋家堂仪式，把三个菩萨合在一起祭祀，以求在新的一年里全家一路顺风，运道高升，合家平安。各商贾人家尤为重视，焚香点烛，以求在新的一年里，生意兴隆，财运亨通，财源滚滚。

送春联（2009年）

新春评弹书会（2016年）

元宵 农历正月十五为上元，上元之夜谓“元宵”，亦称“元夜”。是日，家家户户均吃团子（亦称元宵）、馄饨，接灶君。入夜放鹞灯，或把灯笼挂在户外长竹竿顶上，或系在树上，称作“照田财”。儿童牵着兔子灯，或手提形状各异的灯笼在室外追逐玩耍，镇上举办灯会、开夜市，十分热闹。

二月二 农历二月初二（俗称二月二），民间风俗是家家户户吃馄饨，谚云：“二月二，燕门开，吃仔馄饨就发财”，故称“发财馄饨”。是日，还要吃“撑腰糕”，据传二月二吃了撑腰糕，可使腰板结实硬朗，不生病。

二月十二 农历二月十二是传说中的“百花生日”，称作“百花节”或“百花十二”。花农、果农尤为重视此节，一般人家也要在自家栽种的果树、花树上系上一小红布条或小红纸条，称为“赏红”，祈求果树、花树不遭灾，自家的果树、花树花繁果多，能获得好收成。

清明 旧时，人们把清明定为“三大鬼节”之一。民间把这一天作为祭祀先人的日子，以告慰亡灵。是日，家家户户前往祖坟上祭扫，除去坟墓四周的杂草，堆填新土，烧些锭帛、纸钱，俗称“修坟”，以示后辈对死者的孝心。人过世 60 天或 100 天后第一个清明，谓“新清明”，俗称“过新清明节”。先在家设祭，然后前往墓地祭扫，子孙携带冥钱、祭品，身穿孝服到坟地哭祭，堆新土，这叫“新清明上坟”。推行火葬后，大都在埋骨灰盒之处立碑，种棵万年青或矮脚冬青等，以后每年清明祭扫。

新中国成立后，每逢清明时节，机关、学校、工厂等有关单位组织少年儿童、干部、青年团员、共产党员祭扫烈士墓，敬献花圈，追思先烈，开展爱国主义教育和革命传统教育。

立夏 立夏时节正值蚕豆、象笋、蒜苗或樱桃、青梅、稞麦（麦蚕）上市，人们称之为“见三鲜”；尝到咸鸭蛋、海蛳、鲜黄鱼，谓之“吃三鲜”。富裕之家以吃到“三鲜”为快，贫困人家以把“三鲜”卖个好价钱为快。

端午节 农历五月初五为端午节，又称端阳节。是日家家裹粽子吃，各家将菖蒲、白蓬蒿、蒜头扎在一起悬挂于门首、床头等处，以辟邪驱鬼解毒，还要赛龙舟，梁上贴由书符大道士（正乙法师）书画的端阳符（即康字符）。过后，道士逐家收几升麦作为符钿，故端阳符又称“麦符”。 这些从历史上流传下来的风俗现已大多废弃，只有吃粽子和吃腌鸭蛋及门上悬挂菖蒲、白蓬蒿、蒜头梗依然保持。

舞龙（2009 年）

夏至 夏至日是全年中白天最长的一天。民间有吃“夏至粥”之习俗，即以糯米、新麦、玉米、莲心、芡实、蚕豆等加白糖煮成粥，香甜可口，全家食用，分赠亲友、邻居品尝，祈求人在夏季无灾无难，不疰夏，保安康，太太平平过个夏。谚云“夏至勿吃粥，死只呒人哭”。旧时，有新亡者，是日小辈要给亡人“烧夏至衣”，在家设祭，祭祀亡人，称“过新夏至”。

七夕 农历七月初七，相传是牛郎织女鹊桥相会之期，有吃“巧果”之俗，寓有“乞巧”之意。以面粉或糯米粉加糖拌和，揉熟，用擀面杖反复擀成薄皮子状，切成手掌大小的长方形，中间开缝，两头从缝中穿过成兰花状的生食品，晒干后经油炸成香甜脆的“巧果”，俗称“绞果”。除全家人品尝外，还馈送亲友。新婚后第一个“七夕”，新娘要做“女红”，以示自己心灵手巧。

中元节（七月半） 农历七月十五为“中元节”，俗称“鬼节”。人无分贫富，家家都要祭祀祖先，谓之“过七月半”。一般人家都要赶在七月十五节前斋祭祖宗亡人。人死百日（后改为 60 日）后第一个中元节称作“新七月半”。是日，家人必须先在家里祭奠后，再携带祭品、纸锭等上坟哭祭。

地藏王生日 相传农历七月三十为地藏王诞辰，俗称“地藏生日”。是夜，有的人家除点燃“地藏香”外，还将木屑、烛泪、油脚拌和，分摊在堂屋前阳沟里焚烧，以熊熊火光引来小飞虫的多少来看人缘好坏，聊以自慰。

中秋节 农历八月十五，俗称“月宫生日”，时值“三秋”之中，故称为“中秋节”，又为“团圆节”，有“斋月宫”的习俗。晚上，各家各户在庭院里露天放下供桌，点燃夜香蜡烛，供月饼、菱角、黄梨、嫩藕、团子等斋品，叫“斋月华”（斋月宫）。中秋节的时令风味小吃有月饼、桂花糖芋艿、紫熟菱、藕、梨等。

重阳节 农历九月初九，二“九”相重，古又称“九”为阳，故将此日叫作“重阳日（节）”，或“重九节”。重阳节又叫“登高节”，城镇居民有往虞山爬山登高之俗，谓能消灾避祸。这天有吃糕的习俗，此糕名谓“重阳糕”，老人对此尤为看重。1988年起，该日被定为全国性的“老年节”和“敬老日”。

十月朝 农历十月初一为“十月朝”，也有祭祀、扫墓习俗。人死后逢第一个十月初一称“新十月朝”，家人必须先在家里设祭后，再携带祭品、纸锭等上坟哭祭。

冬至 冬至是一年之中白昼最短、夜间最长的一天。冬至原有较隆重的祭祖之俗。是日夜，全家团聚并邀亲朋好友吃“冬至年夜饭”，故俗有“冬至大如年”之说。

十二月二十四 农历十二月二十四日传为“灶君生日”，是夜送“灶君”上天庭去向玉皇大帝述职，俗称“送灶”。焚化灶君神像仪式在屋外举行，灶君神像坐在用芝麻秆或黄豆萁等植物梗扎的轿子里，在鞭炮声中，暂别凡间，舒舒服服上天去。这个斋灶习俗，农村至今仍普遍延续。

除夕 除夕是农历岁末的一天，亦称“大年夜”。这是中国最为隆重的传统节日。是日，大多数人家忙忙碌碌，贴春联、年画、财神，将芝麻萁、柏枝、冬青扎成一束插在屋檐上，讨个吉利，里里外外布置一新。家家户户都准备丰盛佳肴，斋祭祖先，举行家宴，在外的人亦要赶回家与家人团聚，邀亲朋好友一起吃年夜饭。入夜，各家关上大门，于门臼上放上“葱”，称为“撑门葱”，门闩上插“菜刀”压邪，随后全家人围坐在一起，边聊家常边吃瓜子、花生、发豆、菱、橘等，红烛高燃，直至深夜，名曰“守年岁”。守到半夜零点放过“关门爆杖”后，算一年平安过去，踏入新岁，“守年岁”终止，方可安然入睡。

民间礼仪

婚嫁

央媒说亲 旧时，一般来说，男孩成年（也有孩儿时的），往往家长为儿子央媒物色门当户对、年龄相近的对象，去向女方求婚（也有媒人受女方之托主动到男方家说亲的）。媒人全凭一张嘴两头说好话，从家境、人品、性格到父母名声说好不说坏，撮成姻缘，因而被称作“说嘴媒人”。

定亲 “合肖”（配口生）合定后，男方家择日定亲，俗称起“小口生”。男女双方均备大柬帖交换。男方出“求”字帖和礼金、小件首饰放在拜盒（俗称贺喜盒）内，由媒人送往女方（即行小盘），女方收帖受礼（纳采）后，即备大红“允”字帖和正式年庚（即大口生）放在拜盒内，交媒人归报男方家，婚姻初定。

行聘 定亲后过一段时间，男方再择定吉日，备聘帖、聘金、金银首饰、绸缎衣料、猪腿（咸、鲜各 1 只）、鱼、鸡、大甏黄酒、糕点、糖果、水果、花生、红蛋、豆类等礼物送往女方家，俗称“追头”。

结婚 婚期一到就举行婚礼，俗称“大好日”。结婚日子里，男女双方均要张灯结彩，宴请亲朋邻居，但排场大小视各家的经济实力而定。酒席延续三日，称前三朝、正日、后三朝。

前三朝要动用很多人力采购菜料，并将之拣净、洗净，为正日宴席做准备，称为“落作”。男方设宴请媒，布置新房，往女方家“追前三朝”。女方检点嫁妆，喜娘前来网台面，并将嫁妆的杠数告知男方，以便“正日”准备人力前来起妆（搬嫁妆）。

正日上午，男家要往女家“起妆”。下午傍晚前，新郎官在媒人、二爷等人的陪同下，后面跟着女婿盘担第一次正规到女家拜见岳父母和其他长辈，称“做新女婿”。尾随新郎之后，花轿也发往女家，迎娶新娘。新娘上轿离家时总是哭泣淌泪，谓之“哭上轿”，以示自己与父母兄弟姐妹难分难舍、留恋惜别之情。轿子抬出门，随后就泼一盆水，这就是通常所说的“嫁出囡，泼出水”之意。

新娘在送亲女伴及喜娘的陪同下被抬到男家，燃放爆竹，吹打乐器，迎接新人。新娘在喜娘搀扶下出轿，两新人各执红绿牵巾（锦）一端缓步走入中堂同拜天地，再互相交拜，称为“拜堂”，又称“做亲”，这是旧式婚姻礼仪中最主要的一节。“拜堂”后夫妻关系才正式确认，成为家庭成员。

两新人进入洞房后，并坐床沿，新郎就用秤杆挑去新娘头上覆面红方巾，称作“挑方巾”，夫妻双方这才第一次面对面地正式见面，是否满意，木已成舟，无法改变。这时，亲朋好友不论尊卑老幼随之拥入新房开始“闹新房”，嬉戏取闹一番，直到深夜。闹新房的客人退尽，新婚夫妇上床就寝。

后三朝女家要备礼物去男方家做三朝，新娘则向亲族分发喜果，男方家设宴招待女方家至亲，这叫“待新亲”。

从80年代实行计划生育政策以后，独生子女家庭增加。进入21世纪，这些独生子女相继到了婚嫁年龄，结婚仪式有了很大变化。如果双方都是独生子女，大多数家庭男女双方都会准备新房，婚房布置较为现代，应有尽有。邑内出现了一种新的婚嫁模式，俗称“两头蹲”，又称“两头做房”“两头开门”。所谓“两头蹲”婚居模式，即男女结婚时，男方不出礼金，女方不办嫁妆，两边都办喜事，结婚以后两边居住，有了孩子两家共有，使用双方的姓氏组合或婚前约定生儿生女决定孩子姓氏（如生儿子随父亲姓，生女儿随母亲姓），双方共同赡养双方的老人。婚礼程序也有了很大改变，尽管还没有形成固定的程序，但穿婚纱后的新娘由车队接到男方家日渐流行。婚宴也有了变化，有男女双方一起办婚宴的，也有男女双方各自办婚宴的。如果男女双方各自办婚宴的，当男方办婚宴时，就会邀请女方家的直系亲属参加婚宴，反之如是。家庭条件好一点的家庭，婚宴安排在酒店里举行，邀亲朋好友参加婚宴，请婚庆公司主持婚礼，随后有节目表演等，场面气氛热烈活跃。在酒店举办婚宴以后，一般家庭还要在家中举行婚宴。如果在家里举办婚宴，都要搭喜棚作为婚宴场所。

喜庆

催生 生儿育女，历来有庆贺之俗。孕妇产期临近，娘家择日做“催生团”，备干果、糕饼、红蛋、婴儿衣（毛衫、毛裤、尿布）、襄被、抱裙、鞋袜、帽子、玩具等送往婿家，称“催生”。男家返还部分团子、糕饼等物，另加糖果、水果，娘家分送亲友邻居，预报喜讯。

贺生婴儿 产妇临盆后，男家要蒸糕，染红蛋，送往媳妇娘家报喜，并分送亲友，俗称“报生”。娘家备好婴儿需用之物及产妇营养品（枣子、赤砂糖、鸡、肉、蛋、状元糕、益母草等）送往男家慰问产妇（俗称“宿姆娘”）。随后各亲友备了“宿姆羹”纷纷前往探望产妇及婴儿，称作“吊宿姆”。婴儿落地三日，敬神祭祖，设宴请客（范围视各家经济状况而定），谓“做三朝”；婴儿满月，剃胎头（将剃下的胎发搓成发团，用彩线穿结好挂在床前，相传可压邪，实际上用此教育孩子牢记父母养育之恩），又要设宴请客，称“满月酒”或“剃胎头酒”，还要做满月大团子分送亲朋乡邻，以示谢意。

中华人民共和国成立后，妇女地位提高，权益受到保障，处处得到关心照顾，女职工分娩后有产假期，80年代前为56天，90年代对妇女保健更为重视，延长产假为90天，符合晚育年龄的夫妻，增加产妇产假 15 ～ 30 天。

祝寿 即于华诞纪念日举行的祝愿长寿的礼仪，又称“做生日”。一般半百开始，逢十做一次寿，尤其是对“花甲”“古稀”之年的寿诞更为重视，但也有的“做九不做十”，讨个“久”的吉利口彩。80 年代始社会上为老年人祝寿之俗又渐风行起来，有的还为百岁老人做大团子，办百岁寿宴，甚至还要念佛、说延寿卷等。

贺造房 旧时凡建造新房，破土动工前，必请阴阳先生看风水，定屋向，择吉日，请道士诵经作法，祈求神鬼恶煞太岁让路，张、鲁二班巧匠先师到场来保佑操作平安顺利，称作“发预告”，或“请老师傅”。工程竣工后，再请道士来诵经送神，画符镇宅保太平，向神灵示谢意，这叫作“收预告”（即谢红）。

新中国成立后，建房造屋中种种陋俗及迷信活动已逐渐减少，甚至绝迹，建房工地上大多插一面红旗，以示避邪。80年代，建房各种习俗又逐渐恢复，亲友馈赠礼金礼物，房主家办“竖屋酒”，取吉利，收发预告等习俗仍沿袭，但酒席档次、数量各照经济能力，量力而行。

贺开业 旧时店铺或个人挂牌开张，要办“开店（业）酒”，供财神、供行业祖师爷，祭礼顺风路头，张灯结彩，焚香点烛，放爆竹；亲友、同业馈送贺礼，如镜框、立轴、横匾之类，前往祝贺，店主宴请宾客，并在开张的头三日，以优惠价招徕顾客，热闹门头。新中国成立后，此风渐息。80 年代以后，工厂、商店、公司、楼堂馆所落成，大型建筑奠基，又盛行落成典礼、剪彩等仪式，应邀前往祝贺者，则送镜屏、贺联、书画、花篮、花瓶、匾额、石狮子等。东道主则设宴盛情款待来客，并回赠礼品，以志纪念。

丧葬

报丧 人亡故后，逝者子女首先手提灯笼到附近土地堂庙（无土地庙的就到猛将庙）焚化纸马，烧一炷香，报逝者姓名、年龄、大约断气时辰，算给逝者向阴间报到，称“报土地”；逝者家属派人分头飞报有关亲戚，并告知开丧日期，称“报丧”。报丧者至，须给些食物吃，大多烧两个潽鸡蛋，至少一杯开水或一支烟。现在一些机关、企事业单位干部、职工去世后，还有张贴“讣告”报丧的。

守孝堂 人亡故后，先由家属为逝者揩干净遗体，穿上着肉衬衫，烧毁逝者生前穿的衣服（称脱生出浴衣），焚化纸锭，再由子女抱头捧脚（子抱头孙捧脚）将遗体抬至中堂，头南脚北置放于左壁脚旁，头南挂上“丧幔”。“丧幔”前供桌上点上一盏小油灯，叫长明灯（俗称头边火），作逝者黄泉路上照明用，供桌上放油面蛋、饭菜等供品设祭，称“斋头边”。中堂里稻草铺地，作为“孝堂”，逝者直系晚辈要通宵达旦坐守，恸哭举哀，称为“守孝堂”。守孝之夜，请鼓手吹打，或请道士念经，或请说卷者来宣卷陪守孝。

开丧 举办丧事仪式，谓之“开丧”，俗称“做大殃”。开丧之日，逝者的直系晚辈都要穿白、戴孝。吊丧者入堂哀悼，乐队要奏哀乐，女的小辈哀哭。前来吊丧的亲友所携的丧礼（白礼），过去一般为纸帛、锡箔、冥钱，很少有挽幛、挽联；现在则由黄纸、冥钱、花圈、挽幛发展到现金。丧家对前来吊丧者都要发一块小白布，称“利市布”，现在用黑纱套代替利市布，也有丧家两样兼发，对亡者的晚辈或平辈眷属视血缘远近分别发给白衣服、白束腰或白坤布。出殡前，道士先做“和局”后，孝子孝孙在灵位前行跪拜（俗称“唱社”）开礼，随后吊丧者依次在灵前“唱社”，以示与逝者告别。丧家招待吊丧者用膳，旧时以素为主，现时以荤为主，但不论荤素，菜肴中必有豆腐（油豆腐、大豆腐，或豆腐汤），故吊丧又称“吃豆腐”。

出殡、安葬 孝子捧牌位（灵位）及家属手执丧杖在前边领路“出殡”，俗称“出棺材”。一路上鼓手奏乐，家人哀号，边行边有人撒“帛纸”，称“买路钱”，还有人提灯笼（领路灯），棺材后尾随着长长的送葬人群。棺柩扛到墓地，暖坑后缓缓放入预先由土工挖好的墓穴，称作“落葬”。人生走到尽头，入土为安。棺材下穴后，由孝子先在棺盖上放上一块土，随之众人堆土，孝子及家属行礼，绕坟三周，呼叫亡者称谓三声后就回丧。回丧到家，将“牌位”安置于设立在中堂左侧墙角落里的位台（俗称冷台）上，数日后在牌位（根据亡者年龄可漆可不漆）两侧放上金童玉女作陪。

朝夕祭与七事 从逝者亡日算起“七七四十九天”叫“七里”。每天早晨亲属化纸帛，在灵台上点油灯，哭泣一阵，到落日前灯熄灭。每天要给逝者供奉饭菜，称“长更（羹）饭”，到终七止，这叫“朝夕祭”。

从逝者亡后每间隔七天作为一个祭奠日，叫“烧七”，由道士来排定日期，并写好“七单”，第一个七日叫“头七”，十四天叫“二七”，以此类推，直至四十九天，叫“断七”或“七终”。每逢七期，孝子贤孙必要斋祭，斋祭时辰一次比一次往后推。其中“五七”尤为重视，夜里要念经、说卷、闹“五更”、招魂等。在这天请道士做“道场”，超度亡灵，还有将纸、芦头扎成的纸屋（俗称库）及各种器皿家具焚化给死者作阴间住宅享用，称作“化库”，以后两个七就从简。“终七”设祭后，“七事”就圆满结束。逝者亡后百日清明、七月半、新十月朝、周年、满孝都要设祭。自实行火葬后，大多数人家选择其中一个祭奠日，设宴招待亲友，将逝者的骨灰盒入土，撤去屋中灵台，但其范围小得多。

进入 21 世纪，举丧实际上成了摆酒筵。出殡时汽车远送遗体到火葬场，亲属挚友相随送，鼓乐相伴，一路上吹吹打打，散发纸帛，火化后，摆好灵台，妥善安置骨灰盒。

方言土语

俗语

王士希带看 王士希是清末民初邑内一代名中医，他医术高明，行医区域广。在当时平民百姓生了病，能请郎中上门看病的不多。一个村上若有患病之家请郎中前来看病的消息一经传出，就有同村甚至邻村的病家顺便请去看，这叫“带看”。带看病家付出诊费要少得多。士希先生他每到一个村上看病，往往要带看好多病家。若是有人在路上见到他，都会热情地和他打招呼："王先生又去望病人哉，辛苦！""哎，顺路去带看！"王先生总是点头作答。"带看、带看"成了士希先生常挂在嘴边的一句口头禅。久而久之，"王士希带看"竟成为梅李一带的民间俚语，留传至今。现在，人们常把顺路去探望一个人，或附带去看一样货，或为人照顾小辈，都戏说为"王士希带看"。

覅做啥哉 王天如是常熟东乡的一代名中医，经他诊断的患者若已病入膏肓，患者或家属试探问他是否有回春之望，他不作正面回答，只婉言安慰他们："覅做啥哉，趁可以吃，就买点啥吃吃吧。""覅做啥哉"这句话他常挂在口头，说多了便慢慢成了他的口头禅，也成一句先生诊断病情结论的代用语。凡病家请他看病，病情虽重，但只要他不说"覅做啥哉"这句话，就等于没宣判"死刑"，反之就无望了。"覅做啥哉"这话在现今社会上仍通行，无论领导与被领导之间，还是同事之间，若有人提出可行建议，对方拒不接受，或安排工作，被安排者借口不愿干，就直截了当说："覅做啥哉，买点啥吃吃吧！"以此来表达自己对对方的不满和失望的情绪。

劈硬柴 几位经济收入差不多，志趣相近，比较投机的好友凑在一起，上档次不高的小酒馆聚餐，事先约定互不做东请客，所用的餐费平均分摊，各付各的钱，这成了约定俗成。参加这种"劈硬柴"式的聚餐者都是量力而行，不讲排场，不摆阔气，不铺张浪费，每人分担的费用从经济上来讲是力所能及的，其中决无赖以素食者。好友定期自愿相聚，又各无所求，无思想负担，轻轻松松，吃吃讲讲，吃得开心，玩得愉快。过后，谁也不欠谁的人情，感到心安理得，无愧疚之感。所以，这种"劈硬柴"般的聚餐能在朋友之间较长时间地维持，至今在社会上仍保持、盛行。

拐搭货 梅李方言口语中，把在市场上销售的那些不合格、质量极差的商品说为"拐搭货"。过去社会上有的经营者对一些质量差、无人要、卖不出去的货色，千方百计、不择手段一点一点搭配在紧俏商品上，推销出去，把亏本转嫁至消费者头上。随着消费者被拐骗过的人数、次数的增加和被拐骗去钱币增多，埋怨声不绝，生意人信誉大跌。说"拐搭货"的人多了，就逐渐成了一个俗语。现在使用这俗语，语义又远远超过原意，除了指商品中无人要的劣品外，更多的是泛指社会上的人。指某些不入流品、品行不端、不务正业、吊儿郎当、好吃懒做、说嚎拐骗、劣迹甚多之徒，正经的人们在暗地里鄙夷不屑地把这种人斥为"拐搭货"或"拐带头人"。

劈篾头 梅李方言俗语中，把纠纷双方据理力争，分清是非，讨个公道叫作“劈篾头”。这个俗语是从竹匠劈篾过程概括出来的。竹匠将竹段劈成几片阔狭基本匀称的篾条胚，再把每条篾胚分为内外两片，去掉内片竹黄，留下带有竹青的外层作为劈篾的粗胚，然后再把其一劈成两片，外片称篾青，内层称为篾黄，再进一步抽光就成了可用的篾片条了。劈篾是竹匠的基本功，是竹匠活中一项技术性极高的手工活。竹头是直丝缕，篾头上劈匀称了，可以从头到底不走样；若篾头劈得不均，劈出来的篾青，篾黄就有厚薄之分了，所以篾头劈得无偏差是关键的一步。现在使用这个俗语时，已远超原义，将发生矛盾的双方唇枪舌剑的争辩、评理，求得公平合理解决都称为“劈篾头”。

挑火棒 梅李方言俗语中，把那些喜欢缠嘴夹舌，造成双方不和的长舌者比作“挑烧火棒”，简称“挑火棒”。这个俗语的来历与灶头相关。以前烧饭煮菜均靠砖砌的土灶头，燃料都用植物秸秆。在柴灶门口的墙角落里总要安放一把火钳和几根两三尺长的竹竿或木棒，当作不可或缺的烧火工具。每当灶膛里塞满了柴，火势不旺时，就用火钳或竹竿、木棒伸进灶膛内掏几下，将里边塞实结的柴草挑挑松，使之通风，火苗就旺。这些烧火工具俗称为“挑烧火棒”，并逐渐成为一句众人爱用的俚语。现在民间往往把那些喜欢挑拨离间、搬弄是非，或捕风捉影、无中生有，或意欲火上加油、激化双方矛盾冲突，造成他人之间不和、吵嘴、甚至打架等不良后果者均比作“挑火棒”。

翘辫子 “翘辫子”是去世的同义词。众所周知，中国古代男女一律留长发的，年轻女子的发辫一般拖长垂在背后，中老年妇女梳成发髻盘在脑后勺上。男子的辫子则在头顶上盘成发团，用长簪当头掎住，直到清朝才拖在背后。不论男女，一旦长辞，亲人为逝者梳头时，先将逝者长发辫拆散垂直于地，用木梳将头发梳理通顺，然后把长发朝脑后拉直辫辫子，这样看上去辫子从脑后往后翘起来似的。活着的人们形象地用“翘辫子”代替“去世”，起到了避讳的作用。“翘辫子”虽然是一句伤人话，但在有些场合，应用这个俗语时不一定都带有恶语中伤之意，如“翘你的辫子”“你的辫子翘高哉”等，这仅仅是相互之间打趣之言而已，并无咒骂的感情色彩，听者也不会生气。

寿头 对不通世故，不懂人情，软弱无能，拎不清的人，梅李人称之为“寿头”。这是一句贬人的俗语，它是人们在生产劳动中，经过长期观察猪头上的皱纹形状后，通过想象得出来的。俗语中的“寿头”就是“猪头”的意思，人们在交谈时，避开一个入耳不雅、不受欢迎的“猪”字，把“猪头”说成“寿头”。把那些不聪明、反应迟钝的人说成“寿头”，比讲“猪头”要文雅、客气得多，被贬者也不会动气，反而会乐意接受。密友、贴心人之间说一句“你太寿了”，这不仅不是贬人，还带有一种亲昵的感情色彩。把那些“寿”到透顶的人“尊称”为“寿兄”“寿伯伯”，甚至有人在上当受骗吃亏后自怨自艾地说“我当了一回寿头”，这是一句调侃之言。

歇后语

陈大卖羊——一根绳上去　邑内珍门沈家市一带的歇后语。陈大是清末民国初时的农民，每年秋后，他都要到附近农户家去收购山羊。立冬后，各地羊庄开业，活羊的需求量骤增。到了约定的交易日，他就把几十只羊系在一根长而粗的总绳两侧，然后前后各一个人吆喝着往前赶，这样既省力，又省工。陈大做卖羊的生意时间长了，次数多了，有点小名气。村上的邻居，沿途的村民，只要一见陈大把数十只羊系在一根绳上牵出去，就晓得他要去卖了。于是，便形成“陈大卖羊——一根绳上去”这句俗语。现在使用此语时，不再是原义了，大家把同遭遇，共命运，或几个人有同一打算、想法，或几个人在同一单位打工、干一样的活，都会说：“我俚是陈大卖羊哉！”

金家木匠——上钩　广泛流传于常熟东乡的歇后语，源于这里的金姓木匠。木匠在锯木操作前，先将弹好墨线的直长原木支在三脚架上，一头支着地，一头斜朝天，犹如架起的大炮。手工锯这样的原木要有上下手两人搭档协作进行。上手师傅是技术高，经验丰富的老木工，称为“上钩”。下手师傅技术差一点，甚至徒弟亦可担当，称为“下钩”。锯出来的木板质量优劣，全仗上钩师傅的水平。金家木匠历来都是做上钩活的，就有了“金家木匠——上钩”这样一个歇后语。现在民间口头仍有应用，但内涵就有了变化，“上钩”就成了“扣除”之意。如有职工向单位借钱，欠好长一段时间不归还，待发工资的时候，会计在他工资中扣除，就戏说为“金家木匠上钩”。

网船上做亲——两候　梅李一带有从事渔业生产的“渔民”，他们所用的渔船俗称为“网船”。旧时的渔民大都没有房子，以船为家，就是青年男女做亲（结婚），婚礼也在船上举行。婚前，男女双方根据路程的远近，通过媒人，事先商量好迎接新娘的路线、良辰吉时等。吉时一到，新郎官用船去迎接新娘，女方用船将新娘送往男家，双方的喜船迎面行驶，在途中的河面上相遇，新郎跨过船去，将新娘快速领到自己的船上，就算将新娘接到。渔民结婚男接女送的形式、特点，就叫作“网船上做亲（结婚）——

两候”。这句歇后语至今仍有运用，只是语义有所不同。双方在协商办事时，要通过共同努力，相互配合，才能把一件事情办好，就说成“网船上做亲”，听者就能心领神会了。

十二月廿五送灶——七颠八倒 民间有个习俗，每年农历十二月廿四日，各家都要送灶君上天向玉皇大帝述职。这次送灶君上天的日子，有贫富贵贱等第之分，官宦之家为显示身份，他们抢先于农历十二月廿三夜，先行送灶君上天。一般普通百姓家，只能于廿四夜送灶君上天，这就是历代传下来的所谓“官三民四”的年终送灶的规矩。极少数身无分文的穷人家，到十二月廿五日夜才想起送灶的事来，但无钱，只好到纸码店里去赊一副祭灶账，撑一下场面。这种做法被人说成是活得连日脚也忘了，这就形成了“十二月廿五送灶——七颠八倒”这句歇后语。这个歇后语至今仍在民间流传，若有人办事错过规定期限，再补办过期的事，往往会被人开玩笑说成是十二月廿五送灶的人哉！

小春烧芋艿——焖 清末，常熟东门外有个叫季小春的中年男子，他终年走街串巷，卖小吃。在他卖的小吃中最受人称赞的，就是红糖桂花芋艿。他烧的芋艿香甜酥软、不烂不硬、汤清不腻，老少皆宜。只要他一进巷门，众人争相购买，生意十分红火。有的老生意熟人品尝过芋艿后便问他：“小春，你烧的芋艿这样可口，怎么烧出来的，有啥诀窍呢？”小春回答得很干脆，只一个字：“焖”。于是，人们就把“小春烧芋艿”同“焖”连在一起，形成了“小春烧芋艿——焖”这样一句歇后语，时至今日还被人经常应用。例如，有人把不便或不愿讲出来的话放在肚里，就说“小春烧芋艿哉！”听者也明白其意了。若一个人经常“小春烧芋艿”就会被人看成暗心思，少开朗，对人对己都不利。

崇明人买牛屎——估堆 以前，常熟东乡农村养牛的农家较多，每天产生的大量牛粪都堆放在一块空场地上，不多久，就堆积如山。常言道：“牛屎垩田不壮。”只因牛屎肥力差，垩在田里不发，所以周边农户无人愿意买牛屎用作肥料。可崇明人恰恰相反，把牛屎当成宝，每年都会过江来买牛屎。牛屎一大堆，崇明客人前来买不可能称斤两的，他们只能估测大约有多少重量，然后开价，经双方一番讨价还价后就敲定成交。梅李人根据崇明人前来买牛屎的过程，便有了“崇明人买牛屎——估堆”这句歇后语。就是现在，对一些不值钱、数量又多的产品，不去称斤论价，估计一下有多少，便宜点出手，买卖双方都会说，我们来个“崇明人买牛屎——估堆”吧，马马虎虎做成一注生意，皆大欢喜。

水坌泥墙——两面光 旧时，常熟农村经济落后，居住条件差，尤其稻区更甚，绝大多数农户住的房屋都是用毛竹、树棍拼凑搭成的简陋低矮草屋。草屋四周挡风遮雨的墙壁不是用砖头砌起来的，而是用泥土垒成的，这种墙就叫作泥墙。坌泥墙也并不简单省力，操作前要先将泥土堆放在一起，和水拌搅得干湿适中，后将生泥踏熟且带黏性，才可初步坌垒成墙，墙坌成后，内外两个墙面凹凸不平，再用平铲修理削平，后用稻柴刷帚蘸水将墙面刷光。于是，人们就把水坌泥墙，与其外表两面光的特征联结起来，便成了“水坌泥墙两面光”这个歇后语，并广泛使用。现在社会上，对那种为人处事圆滑、你好我好、两面不得罪的和事佬，则称这种人为“水坌泥墙——两面光”。

枇杷叶面孔——一面光来一面毛 凡接触过枇杷叶的人，都知道枇杷叶子正反两面截然不同。上面朝天向阳，呈常绿色，表面有一层天然的蜡质保护的，手感光滑舒服；而反面向地，呈淡青色，毛茸茸的，手感不爽。歇后语“枇杷叶面孔——一面光来一面毛”源于此。在社会上时常遇到一种性格暴躁，火气大，喜怒无常的人。这种人刚才还像人样，同他人有说有笑，心平气和地闲谈，给人的印象还不差，这是光面；突然因某句话语有高低，一不顺心，火冒三丈，板起面孔，大吵大闹，把人骂得狗血喷头，甚至动手打起架来，别人劝也劝不住，常被人谓之“毛面”。这一光一毛岂不是与枇杷叶相似吗？人们就把这种毫无修养、一戳一跳、反目成仇者形象喻为“枇杷叶面孔”，其内涵不言而喻的了。

谚语

农事谚语

三月清明麦勿秀，二月清明麦秀齐。

下部结铃靠光照，上部结铃靠劲道。

小暑莳秧大暑耥，三石一亩稳当当。

生意人勿离店面，种田人勿离田头。

高乡只怕迎梅雨，低乡只怕送三时。

养啧三年蚀本猪，田里壮啧勿得知。

稻耥三遍谷满仓，棉锄七遍白如霜。

稻靠河泥麦靠粪，黄豆无灰收勿成。

气象谚语

干净冬至邋遢年，邋遢冬至干净年。

小暑南风十八朝，吹得南山竹也焦。

东鲎日头西鲎雨，朝鲎（hòu，即虹）日头夜鲎雨。

冬至西南百日阴，半晴半雨到清明。

早吹一，晚吹七，黄昏吹起半夜歇。

伏里东风海底干，伏里西风海里满。

桃花落勒泥浆里，掼麦掼勒蓬尘里。

春风不着肉，冻来忒忒哭。

生活谚语

人争一口气，佛争一炷香。

三十年河东，三十年河西。

大人爱抬，小人爱财。

丈一还有丈二，丈二还有十三尺。

三百日浪荡，六十日赶忙。

开门出来七件事，手里无钱上心事。

见人挑担勿吃力，自家挑担步步歇。

走尽天边娘好，吃尽滋味盐好。

村中出个好嫂嫂，一巷姑娘全学好。

作恶枉念千声佛，为善胜烧万庙香。

身上着得软披披，屋里呒不（没有）夜饭米。

想出来的秀气，教出来的俗气。

特色物产

东乡一品锅 东乡一品锅在民间被认为是一品大员享用的上等佳肴。一品锅内食材丰富多样，常规的就有火腿、蹄筋、爆鱼、瑶柱、肉皮、蛋饺、虾肉、如意卷、鸽蛋、鱼肚、冬笋、蘑菇、白菜、青菜心、鸡胸等，这么多的食材，平时很难备齐。另外一品锅的加工过程较长，不似热炒类菜肴，几次颠锅翻炒，即可上桌。锅内食材的前期处理，各有多道不同的烹饪工序。如吊汤，就需用鸡、鸭、火腿、瑶柱等食材熬煮 10 余个小时，才能达到汤清如水、色泽似茶的标准。此外，每道工序的火候掌握，武火、文火、阳火、阴火的适当调控，用火时间的长短都需按不同食材的质地，因“材”施“火”。东乡一品锅属蒸菜中之上品，烹饪一品锅的厨师，大多有着多年的实践经验，直、平、斜、剞刀法与切、批、剔、敲手法的娴熟应用，可谓出神入化。刀下的食材形态整齐，厚薄均匀，充分展示了食材内在的优良品质。而且装盘组合美观大方，颇具观赏性与科学性，或咸鲜，或荤素，或浓淡，搭配交叉错落有致。东乡一品锅在蒸的过程中，最大限度地保留了食材的营养成分，原汁原味原质感，清、鲜的汤汁与软、烂的食材融为一体，而且少油清淡，符合现代人低油保健的饮食追求。东乡一品锅观则汤清、闻则气香、尝则味鲜，外观形美，古朴素雅，并于 2012 年 2 月被中国烹饪协会认定为“中国名菜”，2016 年 10 月，获江苏省旅游局、江苏省人力资源和社会保障厅主办的“乡村美食放心吃——2016 江苏省乡村美食大赛”金奖。

东乡一品锅（2014 年）

梅李蒸菜（2014 年）

清蒸长江刀鱼　赵市先生桥是个濒临长江的小镇，海洋泾闸从镇旁经过流入长江，这里就成了自然的小渔港。在春江水暖的清明时节，本地渔民和外地渔船运用钓钩或网具，可以捕到刀鱼。刀鱼被称为“春馔中高品”，历来为人赞誉，宋苏轼有诗云：“知是江南风物美，桃花流水鮆鱼（即刀鱼）肥。”不过食刀鱼讲究时令界限，“清明前鱼骨软如绵，清明后鱼骨硬似铁”。品尝刀鱼最佳时机当在清明前，其时肉嫩刺软，若过了清明，则鳞刺逐渐硬化，且肉粗身糙，鲜味口感大不如当初。

清蒸刀鱼的主料是刀鱼，加入盐、猪油、味精、葱、姜、黄酒等调料，上笼用大火旺汽蒸 8 分钟即可食用。清蒸刀鱼通体色泽洁白，鱼肉细嫩，汤汁鲜滑，味美无比。以焯熟之时令嫩草头铺垫于刀鱼之下，以绿衬白，以荤带素，既悦目又开胃。食鱼毕，再以草头拌鱼汁享用，更觉别有风味。

梅李番瓜　常熟人把南瓜称为番瓜，境内种番瓜地域很广，已有 400 余年历史。相传明代海瑞到常熟拓疏白茆塘时，他把从家乡海南带来的瓜种及种瓜技术传授给白茆塘两岸的农民。在种植过程中不断总结经验，培育新的品种，提高瓜的质量。随即，外地人到常熟来购买番瓜的不断增多，于是常熟番瓜名闻苏南，其中以梅李出产的番瓜名气最响，且在梅李银塘两岸的更为突出。梅李银塘土质肥沃又松软，略带黏性，且雨水充沛，适宜番瓜生长。因而，梅李种植番瓜的农户比附近各乡镇要多，在常熟东乡有代表性，故有“梅李番瓜”之称。梅李番瓜花期长、瓜质好，结瓜率高，故产量也高。而且梅李番瓜瓜型小巧玲珑、饱满结实、瓜肉细糯而甜，看着小、吃着老，人们就叫它“小老头”番瓜，故又有“梅李番瓜——小老头”的俗语。

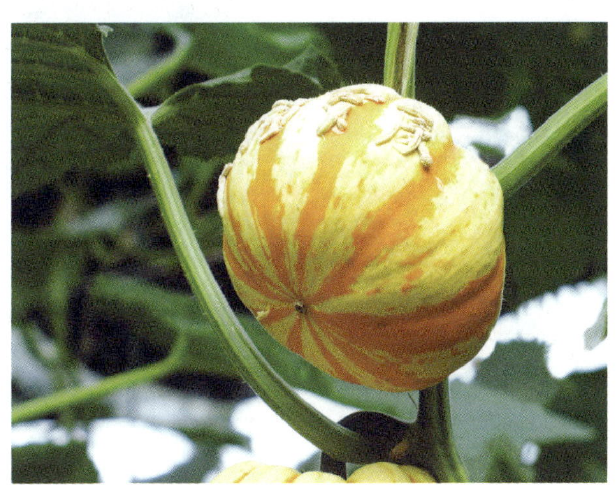

梅李番瓜（1989 年）

酒酿饼 酒酿饼，是春天的时令食品，以当地的冬小麦和酒酿为主要原料。酒酿用以作药，可活血行经，散结消肿。旧时清明节前后，梅李一带的人们喜欢吃酒酿饼。酒酿饼有荤、素之分，品种主要有玫瑰、豆沙、薄荷等味。酒酿饼以热食为佳，特点是甜肥软韧，色泽鲜艳，滋味分明，有浓郁的酒香味。这种饼皮薄馅多，甜而不腻，是一种节令佳品。酒酿饼是梅李的传统名点，春季时令点心，外观和小月饼相似，面是用清酒酿来发的。由于气候原因，往往只适合卖一季，最佳的品尝时节是在清明前后。

定胜糕 在梅李的民间习俗中，无论是过去还是现在，每逢有喜庆之事，尤其是儿女的喜事，一定要在吉庆之日的前一天，蒸好一定数量的定胜糕，以示吉利、正经、隆重。

清咸丰十年（1860）七月，太平军定南主将黄文金分路攻打常熟。他们攻取常熟后，立即开仓分粮，救济贫苦百姓。梅李镇上有个陆老汉很感激太平军，暗自决定在太平军出征时，做些干点心慰劳他们。当陆老汉得知太平军将出征，于是连夜和老婆孩子齐动手做糕点。第二天天蒙蒙亮，陆老汉一家人担着糕来到大路口，把糕成双成对地分送到太平军手中，士兵们便问："老大爷，这种叫什么糕呀？"陆老汉眼睛一亮，随口就说："你们一直打胜仗，这糕叫定胜糕。"士兵们一听是"定胜糕"都哈哈大笑，并连连表示："吃了大爷的定胜糕，我们一定能打胜仗。"于是，陆老汉的定胜糕随着太平军的节节胜利而出名。从此，人们把定胜糕作为吉祥糕点，所以每逢喜事吉日，皆做定胜糕，习俗延至今日。

定胜糕（2015 年）

雪糊 梅李镇赵市何村一带，有多户陈姓、曹姓村民善制雪糊。因制作工艺不同于寻常糕糊食品，堪称精品绝活。雪糊是用纯糯米烧煮，既非粢饭，又不似一般米饭，其烧煮时水分和火候别有一番讲究。待米熟透，趁热捣烂后焖焐饭桶内，以防冷却。另配白芝麻炒熟碾碎加绵白糖为糊芯备用。然后搓捏糊料，不薄不厚包入芝麻芯，匀团成糊后，趁糊热度得当，糊表滚沾一层不薄不厚的芝麻白糖。外形毛茸茸，浑然软嫩如白雪，色香味形四佳绝伦。

梅李花边 “花边”为常熟域内的方言。意思就是以棉线、麻线、丝线和各种织物布料为原料，在布料上面和四周进行绣制或编织而成的装饰性镂空制品。梅李花边在继承传统刺绣和编织的基础上，吸取外来抽丝技艺，经过工艺师设计和数以万计绣女们的辛勤劳作，在相当长的历史时期内得到创造性发展，具有浓厚的地方特色。

梅李花边的面料大致可以分为三大类，即棉麻类、化纤类和丝织类。梅李花边品种繁多，按不同用途予以命名，如被单、被套、被横、窗帘、盘布、台布等。绣女们刺绣结束交货后，花边公司还要组织专业人员进行漂洗、干燥、熨烫、包装等后道工序，方能供应市场和出口。40 年代花边生产步入高峰，50 年代常熟成立花边经理部，梅李镇有花边社。1977 年，梅李镇赵市花边社接受为毛主席纪念堂刺绣窗帘的任务，80 多名刺绣能手集中常熟花边经理部，突击半个月将绣品送达北京，受到纪念堂工程指挥部的特殊表彰。

花边（2008 年）

梅李二将
宋庆元琴川志载：五代十国天宝元年（公元九〇八年）吴越王钱镠遣将梅世忠、李开山戍此，居民依军成市，因取二将之姓以名其地，故名梅李

艺文杂记

常熟东乡重镇梅李，是一个历史悠久的古镇，自然环境优越，文化底蕴较深，孕育了不少人才，自宋代以来，里人著作颇多，他们在各个领域从事研究、著书立说，也有客居梅李的文人，留下了大量与梅李有关的诗文，本卷选录部分诗赋、散文、碑记、杂记，供阅读欣赏。

诗赋

胜法寺

〔南宋〕孙应时

古刹精庐隐茂林，断云疏雨正秋阴。
黄花又是一年事，枯木依然千岁心。
病酒未能兴独酌，怀人无与共清吟。
僧窗梦觉钟鱼静，听彻寒蛩语夜深。

过珍门庙

〔明〕陶复光

平野存孤庙，凄凉旧迹湮。夜深云作主，春入草为邻。
铭石横沙岸，苍苔护法身。土孙日日过，檀度是何人。

寨角

〔清〕方春熙

朔风北卷红旗折，百迎刀光寒里甲。角声震地营门开，铁项将军马前立。
武备分兵镇海东，将军细柳显军容。妖星夜落英雄死，故垒萧条忆梅李。
白草原头叫鬼车，髑髅粘土半无牙。空留战血死磷火，乱点秋风入苇花。
干戈不见老农闲，四海升平已百年。晨耕偶拾当年镞，夜行不鏁旧时关。
区区伯业何足数，落日苍茫下平楚。

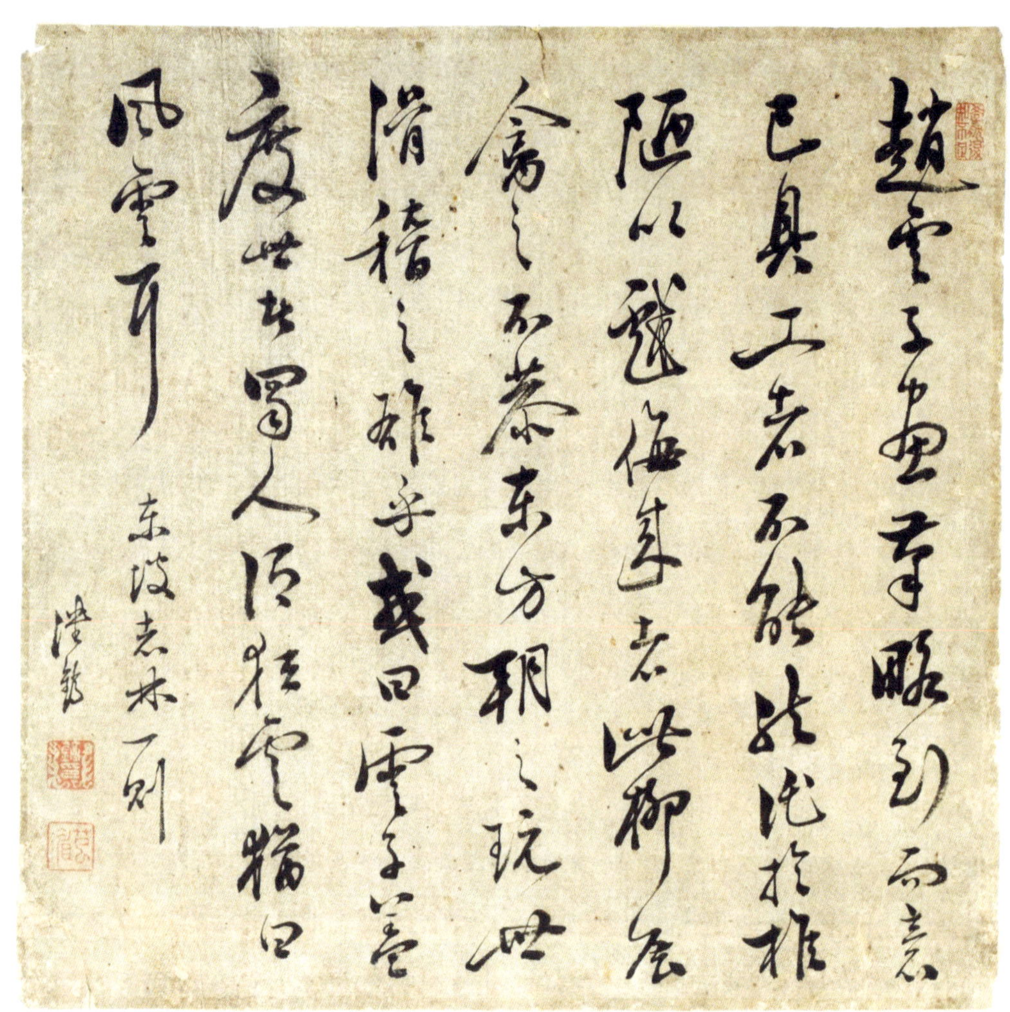

潘镐书法墨迹

胭脂墩

〔清〕潘镐

美人皆黄土，百年会有时。不见古长干，垒垒瘗娥骨。
我来步墟垅，残阳下崦嵫。狡兔窜便房。云骼翳荒茨。
感此地下人，何代夸芳姿。新装斗黄额，桃颊融胭脂。
一笑城为倾，再顾情不移。美质既天授，复此朱粉施。
华容那可驻，艳冶无鸡皮。三叹下高原，未免增情痴。
清磬出烟萝，还寻大道师。

建文石

〔清〕顾士荣

片石卧荒烟，秋风古道边。手扪苔藓迹，字迹建文年。

砺角牛来往，扬尘事变迁。因怀方正学，堕泪夕阳前。

文宁自梅林移居故宅赋此以赠

〔清〕王应奎

回思竹马感年华，老去仍为连栋家。草木也堪征友爱，春庭正茂紫荆花。

叶落归根迟暮心，残年言别旧梅林。阿新仅解抄文字，莫恨飘零是老吟。

老屋三闻枕碧溪，士龙何必定桥西。一筇试觅珍门路，但听吟声便不迷。

梅李灯

〔清〕吴道源

盛氏有遗制，麦秆可作灯。表以珠宝装，里以锦罗萦。

高悬光焰起，灿烂红霞蒸。屏开辉云母，帘垂映水晶。

既似冰茧状，还同玉壶明。复有称栅子，用以书蓬瀛。

鳌驾彩山来，九华彰层层。此物尤奇巧，声价等上乘。

嗟余生已晚，未获睹鲜轻。邑乘有掌故，空留此嘉名。

念奴娇·金秋珍门新貌

高宗明

凭高眺远，兀长虹横贯，景分南北。南铺金波掀稻浪，北望一片银域。西接云楼，东连巷陌，雕绘如屏幅。农村如画。锦图新貌天织。

东望工厂如云。机声突突，忽报新产值。时代商品添异彩，宾馆装潢相得。公司楼群。车流各式，街道新装饰。革新开放，十处初变颜色。

贺梅李小学百年华诞

王子白

断发文身逐鹿獐，东瀛泽国演大荒。文开吴会传诗礼，道启东南立纪纲。

千载聚沙成古塔，百年梅小铸辉煌。几代师生话今昔，桃李满园自沁芳。

散文

谈艺录

〔明〕徐祯卿

诗理宏渊，谈何容易。究其妙用，可略而言。卿云、江水，开雅颂之源；烝民、麦秀，建国风之始。览其事迹，兴废如存；占彼民情，困舒在目。则知诗者所以宣玄郁之思，光神妙之化者也。先王协之于宫徵征，被之于簧弦，奏之于郊社，颂之于宗庙，歌之于燕会，讽之于房中。盖以之可以格天地、感鬼神、畅风教、通庶情。此古诗之大约也。汉祚鸿朗，文章作新。安世楚声，温纯厚雅。孝武乐府，壮丽宏奇。缙绅先生，咸从附作。虽规迹古风，各怀剞劂，美哉歌咏，汉德雍扬，可为雅颂之嗣也。及夫兴怀触感，民各有情，贤人逸士，呻吟于下里，弃妻思妇，叹咏于中闺。鼓吹奏乎军曲，童谣发于闾巷，亦十五国风之次也。东京继轨，大演五言，而歌诗之声微矣。至于含气布词，质而不釆（采）。七情杂遣，并自悠圆。或间有微疵，终难毁玉。两京诗法，譬之伯仲埙篪，所以相成其音调也。魏氏文学，独专其盛，然国运风移，古朴易解。曹王数子，才气慷慨，不诡风人。而特立之功卒亦未至，故时与之闇化矣。呜呼，世代推移，理有必尔。风斯偃矣，何足论才。故特标极界，以俟君子取焉。

夫任用无方，故情文异尚。譬如钱体为圆，钩形为曲，箸则尚直，屏则成方。大匠之家，器饰杂出，要其格度，不过总心机之妙，应假刀铦，以成功耳。至于众工小技，擅巧分门，亦自力限有涯，不可强也。姑陈其目，第而为言：郊庙之词，庄以严；戎兵之词，壮以肃；朝会之词，大以雎；公燕之词，乐而则。夫其大义固如斯已。深瑕重累，可得而言；崇功盛德，易夸而乏雅；华疏彩绘，易淫而去质；干戈车革，易勇而亡警；灵节韶光，易采而成靡。盖观于大者，神越而心游，中无植干，鲜不眩移，此宏词之极轨也。若夫款款赠言，尽平生之笃好；执手送远，慰此恋恋之情；勗励规箴，婉而不直；临丧挽死，痛旨深长。杂怀因感以咏言，览古随方而结论。行旅超遥，苦辛各异。遨游晤赏，哀乐难常。孤孽怨思，达人齐物，忠臣幽愤，贫士郁伊，此诗家之错变，而规格之纵横也。然思或朽腐而未精，情或零落而未备，词或罅缺而未传，气或柔犷而未调，格或莠乱而未协，咸为病焉。故知驱纵靡常，城门一轨；挥斤污鼻，能者得之。若乃访之于远，不下带衽；索之以近，则在千里。此诗之所以未易言也。

故宫博物院藏徐祯卿墨迹

情者，心之精也。情无定位，触感而兴。既动于中，必形于声，故喜则为笑哑，忧则为吁欷，怒则为叱咤。然引而成音，气实为佐；引音成词，文实与功。盖因情以发气，因气以成声，因声而绘词，因词而定韵，此诗之源也。然情实眑眇，必因思以穷其奥；气有粗弱，必因力以夺其偏；词难妥帖，必因才以致其极；才易飘扬，必因质以御其侈，此诗之流也。繇是而观，则知诗者乃精神之浮英，造化之秘思也。若夫妙骋心机，随方合节，或约旨以植义，或宏文以叙心，或缓发如朱弦，或急张如跃栝，或始迅以终留，或既优而后促，或慷慨以任壮，或悲凄以引泣，或因拙以得工，或发奇而似易。此轮匠之超悟不可得而详也。《易》曰：“书不尽言，言不尽意。”若乃因言求意，其亦庶乎有得欤！

魏诗，门户也；汉诗，堂奥也。入户升堂，固其机也。而晋氏之风，本之魏焉，然而判迹于魏者，何也？故知门户非定程也。陆生之论文曰：“非知之难，行之难也。”夫既知行之难，又安得云“知之非难”哉！又曰：“诗缘情而绮靡”，则陆生之所知，固魏诗之渣秽耳。嗟夫，文胜质衰，本同末异，此圣哲所以感叹，翟、朱所以兴哀者也。夫欲拯质，必务削文；欲返本，必资去末。是固曰然，然非通论也。玉韫于石，岂曰无文；渊珠露采，亦匪无质。由质开文，古诗所以擅巧；由文求质，晋格所以为衰。若乃文质杂兴，本末并用，此魏之失也。故绳汉之武，其流也犹至于魏；宗晋之体，其敝也不可以悉矣。

夫情能动物，故诗足以感人。荆轲变徵，壮士瞋目；延年婉歌，汉武慕叹。凡厥含生，情本一贯，所以同忧相瘁、同乐相倾者也。故诗者，风也。风之所至，草必偃焉。圣人定经，列国为风，固有以也。若乃歔欷无涕，行路必不为之兴哀；诉难不肤，闻者必不为之变色。故夫直戆之词，譬之无音之弦耳，何所取闻于人哉？至于陈采以眩目，裁虚以荡心，抑又末矣。

诗家名号，区别种种。原其大义，固自同归。歌声杂而无方，行体疏而不滞。吟以呻其郁，曲以导其微，引以抽其臆，诗以言其情，故名因昭象。合是而观，则情之体备矣。夫情既异其形，故辞当因其势。譬如写物绘色，倩盼各以其状；随规逐矩，圆方巧获其则。此乃因情立格，持守围环之大略也。若夫神工哲匠，颠倒经枢，思若连丝，应之杼轴，文如铸冶，逐手而迁，从衡参互，恒度自若，此心之伏机，不可强能也。

朦胧萌拆，情之来也；汪洋漫衍，情之沛也；连翩络属，情之一也；驰轶步骤，气之达也；简练揣摩，思之约也；颉颃累贯，韵之齐也；混沌贞粹，质之检也；明隽清圆，词之藻也。高才闲拟，濡笔求工，发旨立意，虽旁出多门，未有不由斯户者也。至于《垓下》之歌出自流离；《煮豆》之诗成于草卒，命词慷慨，并自奇工，此则深情素气，激而成言，诗之権例也。传曰：疾行无善迹，乃艺家之恒论也。昔桓谭学赋于扬雄，雄令读千首赋，盖所以广其资，亦得以参其变也。诗赋粗精，譬之絺绤，而不深探研之力，宏识诵之功，何能益也。故古诗三百，可以博其源；遗篇十九，可以约其趣；《乐府》雄高，可以厉其气；《离骚》深永，可以裨其思。然后法经而植旨，绳古以崇辞，虽或未尽臻其奥，我亦罕见其失也。呜呼！雕缋满目，并已称工，芙蓉始发，尤能擅丽。后世之惑，宜益滋焉。夫未睹“钧天”之美，则“北里”为工；不咏《关雎（雎）》之乱，则《桑中》为隽。故匪师涓，难为语也。

夫词士轻偷，诗人忠厚。上访汉魏，古意犹存。故苏子之戒爱景光，少卿之厉崇明德，规善之辞也。魏武之悲东山，王粲之感鸣鹳，子恤之辞也。甄后致颂于延年，刘妻取譬于唾井，缱绻之辞也。子建言恩，何必衾枕；文君怨嫁，愿得白头，劝讽之辞也。究其微旨，何殊经术。作者蹈古辙之嘉粹，刊佻靡之非轻，岂直精诗，亦可以养德也。《鹿鸣》《頍弁》之宴好，《黍离》《有蓷》之哀伤，《氓蚩》《晨风》之悔叹，《蟋蟀》《山枢》之感慨，《柏舟》《终风》之愤懑，《杕杜》《葛藟》之悯恤，《葛屦》《祈父》之讥讪，《黄鸟》《二子》之痛悼，《小弁》《何人斯》之怨诽，《小宛》《鸡鸣》之戒惕,《大东》《何草不黄》之困病,《巷伯》、《鹑奔》之恶恶,《绸缪》《车舝》之欢庆,《木瓜》《采葛》之情念,《雄雉》《伯兮》之思怀,《北山》《陟岵》之行役,《伐檀》《七月》之勤敏,《棠棣》《蓼莪》之大义,皆曲尽情思,婉娈气辞。哲匠纵横,毕由期阈也。

诗之辞气,虽由政教,然支分条布,略有径庭。由人品殊,艺随迁易。故宗工巨匠,词淳气平。豪贤硕侠,辞雄气武。迁臣孽子,辞厉气促。逸民遗老,辞玄气沈。贤良文学,辞雅气俊。辅臣弼士,辞尊气严。阉僮阃女,辞弱气柔。媚夫幸士,辞靡气荡。荒才娇丽,辞淫气伤。

七言始起,咸曰《柏梁》。然甯戚扣牛,已肇《南山》之篇矣。其为则也,声长字纵,易以成文。故蕴气琱词,与五言略异。要而论之,《沧浪》擅其奇,《柏梁》宏其质,《四愁》坠其隽,《燕歌》开其靡。他或杂见于乐篇,或援格于赋系,妍丑之间,可以类推矣。

诗贵先合度,而后工拙。纵横格轨,各具风雅。繁钦《定情》,本之郑、卫。《生年不满百》,出自《唐风》。王粲《从军》,得之二《雅》;张衡《同声》,亦合《关雎》。诸诗固自有工丑,然而并驱者,托之轨度也。

夫哲匠鸿才,固繇内颖。中人承学,必自迹求。大抵诗之妙轨:情若重渊,奥不可测;词如繁露,贯而不杂;气如良驷,驰而不轶。由是而求,可以冥会矣。

乐府往往叙事,故与诗殊。盖叙事辞缓,则冗不精。"翩翩堂前燕",叠字极促乃佳。阮瑀"驾出北郭门",视《孤儿行》太缓弱不逮矣。

诗不能受瑕。工拙之间,相去无几,顿自绝殊。如《塘上行》云:"莫以豪贤故,弃捐素所爱。莫以鱼肉贱,弃捐葱与薤。莫以麻枲贱,弃捐菅与蒯。"《浮萍篇》则曰:"茱萸自有芳,不若桂与兰;新人虽可爱,无若故可欢。"本自伧语,然佳不如《塘上行》。

古诗句格自质,然大入工。《唐风·山有枢》云:"何不日鼓瑟。"铙歌词曰:"临高台以轩",可以当之。又"江有香草目以兰,黄鹄高飞离哉翻"。绝工美,可为七言宗也。

气本尚壮,亦忌锐逸。魏祖云:"老骥伏枥,志在千里。烈士暮年,壮心不已。"犹暧暧也。思王《野田黄雀行》,譬如锥出囊中,大索露矣。

乐府中有"妃呼豨""伊何那"诸语,本自亡义,但补乐中之音。亦有叠本语,如曰“贱妾与君共餔糜、共餔糜”之类也。

“生年不满百”四语,《西门行》亦掇之。古人不讳重袭，若相援耳。览《西门》终篇，固咸自铄古诗，然首尾语，精美可二也。

温裕纯雅，古诗得之。遒深劲绝，不若汉铙歌、乐府词也。

乐府《乌生八九子》《东门行》等篇，如《淮南》《小山》之赋，气韵绝峻，下可与孟德道之。王、刘文学曹当内手耳。

韦、仲、班、傅辈四言诗，窘纡不荡。曹公《短歌行》、子建《来日大难》，工堪为则矣。《白狼》《槃木》诗三章亦佳，缘不受雅、颂困耳。

汉魏之交，文人特茂。然衰世叔运，终鲜粹才。孔融懿名，高列诸子，视《临终诗》，大类铭箴耳。应玚巧思逶迤，失之靡靡；休琏《百一》，微能自振，然伤媚焉。仲宣流客，慷慨有怀,《西京》之馀，鲜可诵者。陈琳意气铿铿，非风人度也。阮生优缓有馀，刘桢锥角重阶，割曳缀悬，并可称也。曹丕资近美媛，远不逮植。然植之才，不堪整栗，亦有憾焉。若夫重熙鸿化，蒸育丛材，金玉其相，绰哉有斐，求之斯病，殆寡已夫。

古诗降魏，辞人所遗。虽萧统简辑，过冗而不精。刘勰绪论，亦略而未备。况夫人怀敝帚，自过千金。《法言》懿则，遂见委废。至于篇句，零落虽深，犹幸有存者，可足征也。故着此篇，以标准的，粗方大义，诚不越兹，后之君子，庶可以考已。

客论曰:《传》云“王者之迹熄而诗亡”，盖伤之也。降自桓、灵废而礼乐崩，晋、宋王而新声作，古风沉滞，盖已甚焉。述者上缘圣则，下擿儒玄，广教化之源，崇文雅之致，削浮华之风，敦古朴之习，诚可尚已。恐学士狎耳目之玩，讥琐尾之文，故序而系之，俾知所究。

怀念龙园的瞿老四[①]

蒋云仙

引言：梅李龙园书场的前身是光绪初年的“邓厅”，当时的邓厅和江南水乡的茶馆并没有什么两样，依河而建，茶馆、书场合二为一。创始人瞿尧良(1908—1988)，小名老四，土生土长的梅李人。比他小一辈的评弹艺人都尊称他“四伯伯”，再小一辈的评

① 原载《苏州杂志》2007 年第 1 期。

弹艺人都叫他“四阿爹”。1935 年“邓厅”正式改名为“龙园”。1937 年，瞿老四在梅李东北街市后重新租赁了陈耐庵的马坊棚地基，倾尽家中财力，重建茶馆兼书场，真正命名为“龙园”（现梅李新天地广场地块）。翻建后的新龙园面积达 400 平方米，是常熟城乡 108 家书场中面积最大的一家。新龙园平房朝南，中厅两边是地板厢房，窗明几净，古朴典雅。1986 年因梅李镇人民政府为家乡事业的发展将龙园搬迁。梅李龙园经历了 50 多年的沉浮。本文是常熟籍评弹大师蒋云仙先生在常熟市评弹艺术馆成立之际表达对家乡龙园故人的怀念之作。

为什么值此成立常熟评弹纪念馆之际，我会想起了梅李龙园书场的瞿老四，也就是瞿尧良，因为我想说明一个问题，就是对评弹事业的感情问题。瞿老四开了一辈子的茶馆书场，结交了一代又一代的名家响档，还对评弹演员不论是已经成名的大响档或还是在背包袱走夏塘的暴出道的小先生，都是热忱相待，哪怕有道中经过梅李去看望他，他也是以礼相待，竭尽地主之谊。有些小演员刚刚破口出道，接码头遇到困难，上门求助“瞿伯”“瞿四伯”有没有码头介绍介绍，他总是想方设法安排他们在附近的四乡八邻实践演出，因为他知道，响档先生就是靠码头实践锻炼出来的，他也的确帮助过不少演员成了大响档。

怀念瞿老四

我初进龙园就和老板娘“招弟”十分投缘，他们家中住的就是几间草屋，偶尔问及为何不翻瓦房，招弟说：“他哪来铜钿盖房子，他的钱都用在说书先生身上了，老少一辈子的心思都用在书场上了，来了男先生他要陪先生，来了女先生就要我来招待。”招弟的话也有一定的道理，瞿老四对于他的书场确实花了不少心思的。就在当时那个年代，扩音设备还不普遍，特别是在农村，哪来什么话筒扩音机，但是瞿老四的书场上就有一套扩音的土设备。他在书场的下角放了四个空水缸，借些回响扩音，所以在龙园的书场上说书感到声音洪亮，声音清晰。在那个年代应该说也是老四的一大贡献。

“文化大革命”后，我们长征团的小组再进龙园。老四已经退休，由儿子小平接任。书场已翻瓦房，但老四的家还是那几间草屋。虽然他已不当经理了，对我们仍是那么热情，经常家里烧点私房菜招待我们。最难能可贵的是他还记得我们爱好的口味，譬如知道我喜爱吃常熟的草头，他就经常叫招弟烧些常熟口味的酱油拌草头，细微之处，更见真情。

其实，有不少评弹艺人和老四不是一般的演员和场方之间的关系。我们要去老四那里也总会带一些城市中的土产或纪念品相赠，这是亲友之间的礼尚往来。

最后一次见到老四，我是在浒浦演出，老四没有乘车而是步行到浒浦来看望我，特地带了两条刀鱼来送给我，刚上市尝个鲜。那年他已七十多岁了，临别时当我送他之时，看到他步履蹒跚、颤颤巍巍，感激之情难以自抑。这样的一位古稀老人，一辈子就是对评弹事业情有独钟。他对评弹演员的感情是他一生的倾注，对茶馆书场是他一生的努力。如果他还健在的话，看到常熟评弹团频频得奖，常熟的评弹演员赴京交流演出，而今天常熟的评弹纪念馆又在各级领导的关怀下得以顺利的落成，我想他一定充满着喜悦的心情，前来参加这次盛大的落成典礼。

乡关何处

——“何村的故事综合艺术展”引言

叶黎侬

到今日，我们如果走进何村，还可以看见古村镇的陈迹。这真是一件有意义的发现，让人又是欢喜又是惆怅。《重修常昭合志》载：“何村，在大垄塘西南，明季何氏所立，故名（旧属端委乡）。距城三十里，街二道（如曲尺形，均临河）。有关帝庙、财神庙、猛将堂、功曹堂（旁有功曹坟，有亭，碑废，相传功曹为孝子，里人岁为祭扫）。

桥曰永寿、曰永金、曰永隆（跨哮塘）、曰永康、曰新桥（跨海洋塘）。”历经了数个朝代和几百年的风雨，何村也许做梦也梦不到还能孤傲地存在于江南平原的一隅。我们更是做梦也梦不到前往赵市、周行、王市乡间的交会地界就与何村相遇了。一时间，竟有一步跨入了明清的错觉。

站在何村的田野里望何村，何村是一位衣着蓝印花布的劳动者，纯朴而又不失秀美。用不着穿金戴银，身旁有些散生的杂树掩映也就有了生机。

站在何村的桥上望何村，何村是一条远航归来的木船有些疲惫但又似有收获。用不着华盖高擎，落篷的桅杆也足于昂扬。

站在何村的中央望何村，何村是一个游子朝思暮想的老家。用不着装腔作势，放下一切负担就那么随心地依着灶膛添柴烧火，温暖而又实在。

站在没有何村的地方望何村，何村是一部线装书，尘封了岁月多少轮回。用不着放下又拿起，不思量自难忘——这是一个怎样的所在啊！

我们曾经就生活在这样的乡村集镇，只是后来远离了故土。当我们习惯了城市的喧嚣之后，也就迷失在钢筋水泥筑成的森林之中了。勤奋也好，懒惰也罢；喜也好，悲也罢；成功也好，失败也罢……到头来，在滚滚红尘里我们已折腾得面目全非。乡村给予的卓越智慧、乡村造就的美好灵魂、乡村养育的健康体魄，于我们差不多已荡然无存。直到有一天，说不准是由哪个机制的触发，儿时的记忆突然醒来，就像忽地拨动了闲置的一张琴上的弦线一样，骤然间就奏响了。让人着实一惊。故去的一些人、一些事、一些场景、一些时光、一些情感、一些有形或无形的东西都涌上了心头。故乡的情怀，江南的味道，生命的根蒂，在我们的感觉里似光那样闪亮清晰，但一瞬间又似雾里看花那样模模糊糊。不去说历史的长河的力量是怎样的巨大，就连现实的世俗生活的力量我们也不太容易与之对峙。湮没似乎是一种趋势，消失似乎是一种必然。故乡湮没了，过往消失了，根基松动了。我们就像浮萍飘于尘世，我们就那样开始了怀念。

那临河的碎石铺就的小街一清晨就被洒扫干净了，那个洒扫人的身影一般不太能相遇，他起得早，他的一天从半夜开始。那茶馆的棉布门帘一撩起来，一股热浪伴着伙计的乡音扑面而来。那转角处小小的菜市，在讨价还价里无论买卖的成与否都充盈乡里乡亲的情意。那田垄间的作物应季节的轮回蓬勃生长起一片希望。那些场院是各家各户的自主空间，粉墙黛瓦，桐油门廊，殷殷实实。那小店前炸开一串鞭炮，生意在一片热闹里开张，用尺幅白纸写几种新到货物的名称张贴在门口提示需要者不要错过了机会。那水井旁，有担满水往回走的，有围着井台淘米洗刷的，也有什么也不干袖着手在那里说笑的，俨然把此处当作信息交流的平台，家长里短议论起来就把树枝叉里打盹的麻雀打扰了，“轰”的一声，飞起一群呢！那青砖有些阵势，一块紧着一块，平铺开一大片打谷场；平日里晒场，农忙时脱粒，几乎没有空闲过。负暄就依在仓库的墙脚，几条草狗窜过，几只鸡鸭漫游，几番云卷云舒，兴许能引起说吉的兴致。小孩子的游戏也脱离不了乡土味，一般的割羊草也改革成极富个性的娱乐项目——把割草的镰刀往空中一抛，看落地时镰刀的刀刃插入泥土还是刀把砸出一个浅坑；刀刃插入泥土者就有了快乐的欢呼和笑容，那必定是赢家。青黑的水牛安静地嚼着草料，对身边发生的一切不作理会，坦然处之的样子就像它就是上苍的化身，它早就知道要发生什么的。不经意，河湾里的小船天长日久磨断了缆绳，随流飘浮而去。谁发现了，就边大声喊着边快步沿着河岸去追赶，那小船又不长耳朵的，能听他的？……然而慢慢地有了变化。正是那个水边的码头。双枝橹航船气气派派，靠近来，竹篙钩，缆绳抛，搭跳板，很是高调，掷地有声。航船每天一班在乡区和城区间往返，春季特开杭州烧香客班，慢慢地有外面新鲜的东西通过水上渠道渗透影响进来。有可能是由一些小物件开始，也有可能是传闻一些小事件作为由头。不经意间，观念上也起了变化，初是排斥、抵挡，后是认同、向往，再往后是效法有了行动。乡间的变化差不多就是这路数。何村也一样。也就几百米的长度，街东西两头，设起了巷门。商海总是为头脑灵活者准备了淘得的第一桶金。一场春雨的功夫，从西段永隆桥堍至东段北弄口就形成了商业街区。孙复茂、曹恒兴南货纸马兼营米店；温恂记、张福泰烟纸店；孙日茂、凌记、温记生面店兼磨；童长兴前店后坊式酒店；汪源丰绸布店；陆恒顺、吴孙记布庄；三省堂、天生堂、仁济堂、慎修堂中药店兼设后堂坐诊；宋恒泰、汪源茂、江合兴糕点茶食店；西园、华苑、茆地茶馆书场；日茂、叙兴、桂泉豆腐作坊；曹记、凌记、肖记、陈记肉庄；就那么冒出来了。再过去是铁铺、青坊、纸作、香作、花边发放等店铺，规模小一点的是粮摊以及水果、腌腊、修旧等摊贩也有十数家。农闲季节，街口市梢的空旷场地，时有跑马杂耍、木偶戏和唱滩簧的流浪艺人光顾盘桓。

慢慢地有了赌、有了烟、有了娼。店主在沿街各段设置玻璃灯盏为路灯，方便夜行者。慢慢地有了势力范围和一方霸主。有各式的矛盾需要调停、需要平衡。即便是它的黑暗处，也有我们可以宽容的理由。慢慢地，有人要说“世风日下人心不古”之类的狠话愤世嫉俗。世间管不了的，就交给神仙、佛陀处置，于是有了道场、庙宇。香火盛，日子也盛，风调雨顺。

慢慢地多了作坊、工厂。这需要实力和眼光。榨油坊、碾米厂、酿酒厂与生活息息相关，投资有回报，也长久，风险小。何村市后、北弄、中街等处，还先后开办了冠华、勤盛、勤丰、周桐记、涌和、勤生、何丰等小型色织厂，说起来真的有些赶趟，可能还伴着风险。不管怎样，机器声向四方传播开去，宣示着繁华与忙碌。

农历五月廿号是个节日，镇上要在肚兜浜作“试龙演习”。水就是龙，火也是龙。但火龙永远不敌水龙——那是由各家商贾捐募成立救火会每年一度的操练。成员全是义务的，是现在流行的志愿者的前辈。他们是水乡的精灵，来自各个阶层，都是清一色的勇敢小伙。他们演习时穿着统一的服装，招摇过市。救火会配备活塞压缩式喷射“克焰”水龙 1 台、锡制水枪 2 支、火挠 2 杆、提水笆斗 16 只。那个热闹，看的人比演习的人要累好多倍，邀约亲朋，占领观赏的有利地位。救火会的小伙抬着家什飞奔，引来众人的喝彩，也像磁石似地吸住姑娘爱慕的眼光。在观者这一面，这一日是最最自由的、最最开心的。特别是年轻的花一样的她们，对于有可能的将来可以展开许多的想象了。都和那些中意的小伙有关。羡慕他们的身材，羡慕他们的奔跑，羡慕他们的名声。羡慕得耳热心跳，慌忙避开久盯着的心仪的对象，生怕心中的秘密被哪一个觑了去成为笑谈。不知不觉间仿佛又替他们寂寞——他们不说话，甚至不向看客瞄一眼。不过也不要紧，感觉这世界足极可爱的就是了。

到了第二天，在街上或者某个店堂，阿妹遇着还原为伙计的救火会员时，每每快速地把他从头至脚打量一番。咦！仿佛一朵花儿已经谢了，他散发出的奇迹都到哪里去了呢？就像戏台上的吕布，下得台来，卸了装，脱了袍，那不就是个平常加平常，毫无英雄气。尤其是看着他说话，他说话的语言真是太土太土了，远不如昨日那样地不说话。心中的那个失落甭提了。谁要是在此刻搭讪她什么，哼，准保她喷出怒气冲冲的言辞，让人有些突兀……

何村的这种江南元素和符号，忽然之间就成了记忆、成了过去，就像我们看电影，立体声彩色片忽然就成了黑白片、默片，一点都没有过渡，有些不自然，有些不大愿意接受。以前出了城，不消十里，就有与何村相似的乡村集镇散布，现在是难得一见了，劳神搜寻。多少繁华成一梦。一眼望去哪里还有江南的味道、江南的特色、江南的个性？

何村，也不仅仅是一个何村，它们仿佛全部是在一夜之间被抽空了。那一扇扇门，关闭了今天和昨日所有的联系。那一把把锁，扣死了内与外唯一的通道。一座桥就是沉默，一条街就叫萧条，一脉清流也成死水。我们美丽而可爱的村庄仿佛就是白娘子、小青为引诱许仙变出来的深庭宅院，待等翻云覆雨，春宵过后，人去楼空，恢复成了它原是几棵枯树和一片茅草疯长的乱坟岗的真身。

乡关何处？乡关何村！

如今我们总算有了一个着落、有了一个寄托。何村又突然地出现了，它真的是一艘归航的木船吗？！它只是超然于时间的长河之外，它的步伐停滞在二十世纪六七十年代的岁月里，它只是想努力保留住自己的东西。我们到何村访旧，权把他乡当故乡。我们用相机摄下它的面貌，我们用色彩绘出它的本相，我们用笔墨记录它的历史侧面，我们用目光摸抚它的沧桑，我们用心灵感受它的实质，我们就像陶渊明《桃花源记》里的那个“晋太元中，捕鱼为业”的“武陵人”，忽逢“中无杂树，芳草鲜美，落英缤纷”的桃花林！舍船从山口而入：“初极狭，才通人。复行数十步，豁然开朗。土地平旷，屋舍俨然，有良田美池桑竹之属。阡陌交通，鸡犬相闻。其中往来种作，男女衣着，悉如外人。黄发垂髫，并怡然自乐。”那武陵渔人受到了热情的招待。数日后告别出来，一路处处留下标记以图下次再来光临。可是没有下次了。“太守即遣人随其往，寻向所志，遂迷，不复得路。”哪里还有桃花源？！桃花源是陶渊明想象出来的理想世界。他希望有那么一个地方安放疲惫的身心。我们造访何村，不是为复古，也不为猎奇，我们需要精神的故乡。那么让我们出发去何村好了。好好地丈量它的前世今生，我们便有所收获。是为引言。

碑记

梅李塘碑

〔明〕蒋以化

海虞，故泽国也。白茆绕其东南，大江环其西北。白茆之脉，远承震泽大海之泽，近逼浒浦。而其间如奚浦，如三丈浦，如福山、贵泾、横浦，则皆二水之襟带，菑畲之门户。至从李墓而按（控）白茆，从福山而通大海者，名曰梅李塘。梅李仅一衣带水，乃吐纳蓄泄，实扼诸浦之吭而通之脉，令吾虞者类尝疏之。第以一衣带水视梅李塘，故厥绩罕奏。善乎！耿侯之为吾虞水利计也。周游诸浦，溯流穷源，曰："梅李，即不在一隅，而左跨茆海，右联巨江，梅李不浚，诸浦遂淤。盖止一方之民病，将四隅阡陌悉同焦土，几令溃茂而栖苴矣。则安得从事西南而置东如于度外乎？"于是诸浦并事。而梅李之氓，亦得以具畚锸而供子来。且是役也，费出公帑，曾不烦半缗于民间。而五丁之征，则从其亩。故役不繁而功立就，民不扰而绩用彰。昔之泥沙，转而为清涟；昔之莱芜，易而为禾稼。自今以后穰穰丰年，夫孰非侯之赐乎？侯之功在四境，匪直私一梅李。惟梅李之病阏也尤甚，故梅李之利浚也尤殷。矧疏一方以通四海之脉络，浚一镇以开诸镇之利薮。宏功茂绩，当与睹河洛者并垂不朽，讵细故哉？侯讳橘，耿姓，别号蓝阳，河间之瀛海人。初宰尉氏，楙卓异声，令吾虞，则以理繁晋而善事。役者罗尉钦俸，闽之定（宁）化人。修石上之词者，邑人蒋以化。而父老霍光辅，则属予作文，以记其事者也。举人吴汝第、公正里排等同立名。万历三十四年二月。

建梅里书院记

〔清〕康基田

赐进士出身、知昭文县事、江南庚辰科同考官加二级、纪录五次康基田撰并书。

国家学校之制甚备，而书院之设，比古侯国之学，尤择隽异之士，萃处而课业焉。始于都会，而群邑遵行之，遍海内矣。基田承乏兹土，盖言公故里之所析置，仰追昔贤学道之训而未逮也。邑境东傅海，幅员寥廓，广袤殆百里，文人学士往往出于其间。而后起之秀，散处一隅，恒有抱残守独之患，宜择地延师以课之。所谓学莫便乎其人也。邑东巨镇有二，迤南为支塘，迤北为梅里。余既书院于支塘，梅里之人士咸曰："我里不可以后之。"列状来请。余为转白于诸台，使与支塘并设焉。初议建设，而难其地。镇有西香堂者，本宋贤王公师德之祠。历年久，子孙不能守。缁黄之流袭以庙，以乡先生俎豆之地而杂丛，祠不明祀事，孰若改建书院之为两得乎？揆诸义而安，稽于从而协，遂迁其所置像于他庙，而专奉王公木主于其中。因其栋宇葺而新之，复拓其地二亩，门堂斋舍，规制咸具。遂延名师主讲席，负笈之士接踵而至。邑其有真人才辈出乎？是役也，始于乾隆二十九年六月，阅一月而工竣。经营图度，出资助建，及捐田备膏火者，均不可没。会开《一统全志》檄下，收载人兹，镵其实于石，以昭于后云。

捐赀建造姓氏：

钱镛、吕存恕、朱廷揆、徐士兰、吴源、顾浩然、秦浩然、秦曰千、居扶九、顾聚之，严鸿绪、潘揆天，景如柏，卫元凯、潘恕、汪玮、高泰开、薛天祐、徐瑗、陈霖、潘贵、景开勲、龚辅臣、吴君藩、卢沐、汤鼎、唐云龙、赵宗明、方益、赵如桂、程禹公、瞿璠、钱象九、周鏻、殷朝鼎、钱腾蛟、张尹宾、方瑚、吴显臣、程嘉枢、陈登岸、刘鉴、徐效习、周尔侯、王汇东、俞钺、方春熙、钱日成、朱廷阶、徐士骏、朱沂、顾灿然、周翼为、居苞九、陆栻。

捐田姓氏：

昭文县正堂康，捐俸二十两，置方号三斗二升粮田二亩,《十三经》全部,《十七史》全部。

程大英，捐短号田一十七亩六分，方号田四亩七分五厘，伏号田三亩，尺号田二亩，靡号田一亩六分。薛天祐，忠号田一十二亩，方瑚短号田五亩四分，堂号田二亩，彼号田一亩五分。邓柏、邓松，端号亩二亩九分，堂号田二亩，立号田二亩，恶号田一亩六分。陈登岸，维号田三亩五分，大号田一亩五分。刘士秀，改号田五亩。方和宁，恃号田三亩六分，寸号田一亩。吴显臣，扶号田二亩，勿号田二亩。钱日成，惟号田三亩，建号田一亩。张润，空号田二亩，保号田一亩五分，竭号田五分。周鏻，赞号田三亩五分。叶品輪，堂号田三亩。张尹宾，五号田二亩，竭号田六分五厘。吴道源，斯号田二亩。李琰，正号田二亩。钱象九，登号田一亩，礼号田一亩。钱松雅，寔号田一亩五分。潘佳鋆，冠号田九亩。

按：梅里书院实西香堂旧址。其殿三楹，前为门道，分中左右三门，旁两厢。庭中地极湫隘，往往雨后秋水为沼，好事者于灯夕作《满池娇》焉。由门及殿，各悬珠灯，全架一大一小，上元节自左厢移城隍神于中门。殿上则左王公而右总管，炉香馥郁，灯炬炜煌，士女来游，每达午夜。平时茶肆、弹词、俦类杂沓。既又规殿后隙地建楼，木石稍具矣。会书院之议兴，方氏黄梅益、文选春熙叔侄，受康邑侯指，倡捐募劝。好义者麋数百金至一二两不等，亦有不辞风雨殚心竭力者，以故成功甚速。阅明年，文选君谓不可无碑以记其事，请文于邑侯，而嘱予书之。予欲以捐数须多寡条分，田租亦宜开载，佥曰：“无庸”。予乃不列名，从此亦不敢与闻书院事焉。丁未八月廿六日记。

重修通海桥记[①]

〔清〕王应奎

维雍正元默困敦之岁相月十有六日，飓风为灾，海水不安其藏，瀵涌入内，地衔渠甽，港陡至丈馀，西行至梅李镇，而通海桥绾毂其中。浪益激，势益驶，汹汹若斗击然，而桥遂圮（圮）。是桥也，其创始年月无志石可究。惟里人徐后曾重建有《记》，谓桥向以石建，明弘治间，谈水利者以浒浦淤塞，归咎于桥，以木易之。及桥废，淤转甚。至万历已（己）丑，后曾乃仍石建，复其始云。自己丑迄今，历春秋一百四十馀祀。岁月既久，潮汐冲啮，外完中虚，驯至崩陷。自是津逮者，仅循一略彴，惴惴恐堕，慬然复得免。而值风雨、入昏暮，则危险尤甚，远近苦之。盖以是桥跨梅李塘，不特为一镇孔道，而南抵松江，北达常州，堌身数百里往来之路，固胥由于此也。里中好义之士，有潘君兰畹、苏君性芳辈，目击往来之苦，怒焉伤之，遂以司险为己任，相率丐募，议重建焉。而方君有常与其弟敬常，率先输银七十两。遂鸠材召匠，诹日耆事。迨既兴工，而不稔于岁，赀财莫继。历一寒暑，未克告竣。而会旌表节妇，方母毛孺人寿届七十，有常欲作善缘，增母氏无疆之福中，遂复输银五十两，用相佽助，而桥始蒇工。落成之日，陆行雀跃，舟行凫藻，遐迩和会，咏歌载途。虽无虹霓穹鞠之壮观，而要其为利涉也大矣。余惟世俗之营福田利益也，如建塔庙崇像，设饭僧众，恒不惜破悭为外施，而其事要皆无益于世。桥梁，以通往来，便行旅，一境所利，赖而顾莫之先也。桥常是举，既知当务之为急，而又为母氏捐赀，不以时绌而有难色，其孝思尤足风也。桥经始于圯（圮）后两月，迄明岁季冬，而始溃于成，计先后糜白金二百零二两，而方氏所捐几当其半云。是为记。季泾王应奎撰，顾荣书，徐允育镌。

新建大悲阁记

〔清〕王峻

梅李镇东塔法云寺，自宁（宋）建炎中至国朝，历五百馀年。寺屡废，而塔仅存。僧徙来居者，辄谢事去。颓甍倾宇，古木寒烟，得一二侧足取容者，旦暮香灺，赖以不绝。乾隆辛酉岁，娄东雪林上人受卓锡于此，顾瞻颓废，慨然曰：“栖禅演法，斋寮庖

① 《重修通海桥记》作于清雍正十年（1732）。康熙《江南通志》载：“通海桥，梅李镇。自浒浦过梅李，潮汐迅急，舟行险地也。”

湢，一应释氏之所亟者不必急，独妥佛之所不可不庋集诸檀施。”谋所以创建者，端绪棼如，厥功难就。会梅李地产木棉，村民多以织布为业，四方走舟车、挟钱刀以贸易其区者，填委无算，乃即市设募劝法。凡易一布者，办输一钱。辐凑坌集，不言而信。越明年，雪林乃庀材鸠役于塔后，建杰阁五楹，飞金涌碧，栏楯周遭，崇凡十几丈，广修之数视崇而倍之。中三楹，龛奉大悲菩萨，香镂金饰，悉出善手，而即因以名。经始于乾隆六年间，以十四年冬落成。商贾雀跃，稚耋凫藻，谓将邀佛慈悲降福兹土，有千有年也。介吾门方子鳞伯来请记，余惟尧峰汪氏有言：“名刹都藉灵山以成。”然士女信向者，非舂粮梯航不至。曷若钟鼓梵呗，无日夜不在庸俗耳目间？于以惊其惰愉，激发其斋心，好善者尤为易易。今阁之建，既密迩市廛，而施者无事竭顶踵、捐衣食以为之，岂非善心之生，即生于民业之勤，而事不劳，功易集，为人天第一胜缘也哉？雪林名靖，号幻存。熟精内典，兼工书画，而创建殿宇，复不惮劳勚，此固浮屠师之杰然者。而师又未息肩，方以修塔为任，不懈益勤，并拭目以竢用观七级之成焉。赐进士出身、山东监察御史、前翰林院编修邑人王峻撰，邑诸生潘镐书丹，中兴本寺沙门真靖创建，监院比丘文益立石，于文学捐刻，徐文来镌字。

按：东塔大悲阁，由布缘募建。岁当乙丑腊月，甘樵顾先生以雪公既度材植栋，乃作一联，属予书其上云：“累积锱铢，懒善信织纴机中，廿年布施；辉煌栋宇，藉住持经营掌上，此日成功。”盖尔时镇中贸布之集，尤盛于东街，邓氏为大，吴氏次之。而东街庙宇需修建者，塔以外，惟刘神庙。众议以塔功巨，属之邓；以刘庙属之吴焉。先是，神像托宇寺之东廓。先生别为一联，亦属予书，曰：“佛火分光，想像照顺昌旗帜色，塔铃互语，依稀闻都护某公声。相传为南宋刘信叔。故云：‘厥后庙成，神复而塔功未毕，布缘竟为黠者挠罢矣。’”是记书于阁成后二十年。去艮斋侍御之没，亦十馀载，疑为耕梅铨部代作。质之雪公，云授稿才数日前事耳，未知是旧所其藏弃否也。丁未八月二十七日记。

福寿庵记

〔清〕徐灏

吾虞山川秀衍，地多古刹。邑乘所志，班班可考。其大者，绀宇累百，参天插汉；小则精庐独辟，绝远尘浊。又多得高行者尊宿以成名。其他村僻庵院，或传或不传，未可以一例论。近里白宕桥之福寿庵，不详所自始。三间老屋，风雨倾颓，庸俗之流弗过而问也。僧一轮，邑望族西关黄氏子，幼孤，弱冠投报恩寺出家，在玉林国师四世法嗣柏龄座下苦行焚修，精严法戒。师年二十三，杯渡来此，即卓锡庵中，是为康熙四十三年间也。墙垣圮坏，师慨然有以振兴之。早暮课诵，力耕作，务节缩。里中善信见师之精勤不怠，咸乐佽助。于是裒人之施，竭己之资，崇积铢寸，忍可誓愿，历四十负馀年而始克有济。鸠工庀材，拓故启新。撤瓦砾场，以安清钵。开金璧境，以严净居。凡为若干楹。殿堂寮庑，次第可观，依然一香阜矣。庵成于雍正九年间，奉宪编震字又七号，乡约所朔望宣讲圣谕。复置饭僧士辅合三号田二十馀亩，请于当事，立案勒石，杜后来之轻于变置也，蒙前任候补分府署正堂陈示准。因介予友王君武京请记于余。余惟浮屠氏言："去世资财，乞求取足，日中一食，树下一宿。而须达多长者，欲营精舍供佛，出布地黄金，得秖陀太子园八十顷。"岂其性相异谛，色空殊义哉?《楞伽经》曰：佛有法报，应化种种不一，故知一把茅盖头，与祇园一千三百区，精舍无二义，无别谛。一轮深通佛法，何难慎绝依恋，然日月灯火，王吉甫答李介甫之说甚明，大抵禅寂自了者，灯火之光也。若日月之明，则担荷大道，架屋养汉，俾有生眷属常依净土，此则一轮之宏誓大愿也。夫莫为之后，虽盛弗传。师之法嗣密参等，衣钵相承，尚望毋忘今日创业之艰难，守之勿替。俟异日载笔者采入志乘，则师之功德、师之道扬，并垂不朽云。里人徐灏撰并书。时乾隆岁次丙寅孟冬。

颐真馆古树碑记

〔清〕程椿

梅李东岳行宫，旧名"颐真馆"。宋元祐中，申道人结茅炼丹之所也，与虞山之"招真"、福山之"潜真"，为"三真"。近者，宫殿巍峨，神灵赫濯，民之敬之，由来尚矣。其地空旷，左环流水，右达通衢。其殿之前有桥，桥之则有丹井，虽大旱，其渫不竭。桥之前不百武，又有古树一，可二人围，其本拥肿无辅辐材，小枝卷曲，不中规矩，而离披旋绕，荫广数十丈，亭亭若车盖。相传为荥阳氏所植，民咸爱之，不敢伤。丙年冬十有二月中，荥阳氏之后口口者，拖贫困忧，谋货匠氏。里中患之，请其价，赎金售之，遂止，不敢伐。又虑夫后之弗闻也者，请于邑大夫劳公勒石示儆，并问记于余。余以树不厄于其主、危于匠氏之手，其有以自全也。何以故？盖树固榆类也。陈藏器云："江南有刺榆，无大榆。凡木之有刺，曰棘，棘非美材也。"楸、柏、桑不拱把，而斧斤中道材之患也。兹既不材，又无所可用。庄生曰："无所可用，故能若是之寿。"

彼匠石且顾而却走焉，亦何事于碑为？然里人保全之力，亦甚厚矣。奈何弗记书于石？所以贺树之遭也，并系以铭曰：乔木参天，匝地百尺。疾风怒号，夜雨溜碧。春翠夏阴，鸟乐其国。譬彼甘棠，斧斤敢贼？谁其觊觎？石立其傍。石有摧矣，树岂云亡？雨露之滋，民力之备。龙本虬枝，与天地位。榆溪程椿拜手撰并书。雍正五岁在丁未季春月穀旦具呈，里人董鲁臣、方南枝、陆荣锡、吴尚章、王方玉等敬立，昭文县正堂劳必达、水利厅潘标、典史楼士本、浒浦司陈文炳、常昭僧会司明哲、乐输众姓、义盛典、大盛典、益源典、垂裕堂，合兴店、郑诞嘉、董鲁臣，陈日生、程天如、巫德生、朱子良、黄国章、苏灿若、袁子杰、袁奇玉、项肇溪、项仲新、程有义，吴楚材、吴楚云、戴维新、邓宗海、曹廷生、程晋公、汪大来、汪丹武、戈仲游、戈季睦、吴如衡、吴灿若、黄天相、陈赞武、薛岳嘉、薛鹤龄、陆裕和、余振元、邵德公、叶有声、范玉书、顾耀先、叶义安、程书麟、叶焕章、夏云程、钱芝修、潘允升、徐尚卿、杨文远弘道号呈为古迹传垂，不忍毁伤等事，奉昭文县正堂加五级劳批："果系古木，准尔等勒石永保。"

杂记

梅李最早的中药店

早在南宋，常熟梅李镇就开设有中药店。据明季邑人陈三恪所著《海虞别乘》记载："伏虎司徒庙，平江人江仲谋于府内饮马桥南启熟药铺。绍兴五年，又辟一肆于常熟梅李镇，择七月十二日开张。"又据南宋洪迈《夷坚志》记载，淳熙五年（1178），平江（今苏州）人江仲谋开药肆于梅里镇，择七月十二日开张。在十一日夜晚，江仲谋梦见一黄衣人拿了一轴文字投到他的面前，他一看，其一轴臂已经损坏。第二天醒来，他把梦境告诉了邻居的一位老者，才知道镇上有一座伏虎司徒庙，极其灵验，他到庙里过去一看，里面果然有一幅一臂损坏的文字轴。随即他叫来裱糊匠把损坏的轴臂修补好，中午休息时他又梦见黄衣人对他表示感谢，并嘱咐他开药店不要用假药，可多积阴德。江仲谋得梦后十分害怕，从此认认真真做生意，绝不弄虚作假，日后果然生意兴隆，利润倍增。

翁同龢与梅李张家

翁同龢，字声甫，生于清朝道光十年（1830），幼年受到父母、祖母良好的启蒙教育，从小学习勤奋，熟读四书五经。二十七岁考上进士，咸丰六年（1856）经殿试获第一名，得中状元。以后的12年间，翁同龢仕途步步高升，先后任刑部尚书、工部尚书、户部尚书、军机大臣直至宰相。他是同治、光绪两帝之师，可称一代名人。

翁氏故居，清道光年间大学士翁心存（翁同龢父）及其家族居所。翁同龢学识渊博，一生清正廉洁，为国为民，励精图治，支持变法，在朝廷中威望极高。光绪二十四年（1898）戊戌变法失败，光绪被软禁在瀛台，翁同龢受株连革职回家，住在虞山鹁鸽峰下，隐居“瓶庐”，取守口如瓶之意。靠亲友、门生、同僚接济，过着寂寞孤独、只与鱼鸟相亲的隐居生活。但他仍坚持读史书，写字、作画、题诗、撰联，以愉悦心情，陶冶情操。

在此期间，翁同龢到过梅李。梅李张家是翁同龢祖母的娘家。翁同龢的祖母，人称张太夫人，出身书香门第，通经史，善小楷，知书达理。她勤俭持家，以身作则，谆谆教导并循循善诱儿子、孙子发奋攻读，最终取得了辉煌的成果（儿子翁心存、孙子翁同龢先后均为状元）。翁同龢来到梅李，一身便服，探亲访友，张家故宅是首选。因为他的“根”在这里。他为故宅题写“思永堂”匾额，也给故宅亲人寄过高中状元之喜报……翁同龢还到南街颐真宫庙宇察访。

翁同龢不仅是维新变革的政治家，还是一位近代书法家。书法的造诣极深。他的字体，融合颜苏，上窥魏晋，自成一家，豪迈苍劲，雍容有逸。他为梅李张宅题写的“思永堂”三个字，就是最好的见证。这块于光绪年间亲笔题写的匾额在常熟东乡独此一家，由此证明梅李张氏家族确是翁同龢的眷属。

翁同龢于光绪三十年（1904）病故，享年75岁。临终前，在病床上口述绝诗一首：“六十年中事，伤心到盖棺。不将两行泪，轻向汝曹弹。”充分表达了一位政治家伟业未成的心情。

梅李最早的报纸——《虞东三日刊》

常熟是具有悠久历史的文化名城，清光绪三十年（1904）就有报刊发行。梅李为常熟大镇，交通发达，商业繁荣，文化方面亦优于其他各镇，发行报纸亦很早。1933年，镇上即有不少青年喜爱创作，他们集资创办了一张《虞东三日刊》，于是年9月1日正式出版。

那个时期，报纸都有其背景，代表某些势力或政治派别，但《虞东三日刊》有些例外，没有背景，完全因志同道合者为个人爱好而出版的。报纸形式为四开油印，内容以梅李社会新闻为主，副刊取名“白蔷”。多数为茶余酒后消遣的趣味性短文，社址设在书院弄闻姓屋内。社长为冯彦明，主编为阮增熙（即解放初期全国吊环冠军阮国良的父亲），编辑有潘生生、张纪灵、彭烈扬。采访有钟芹生、倪寿林，出至96期，因常熟城内印刷所已发展到3家，相互竞争拉印报纸。印一期四开期刊，每期只需4.5元。故《虞东三日刊》改为铅印，仍为四开一张，由常熟开文社承印。同时开始经营广告，当时梅李的华源盛洋货店、德隆南货店、鸿盛绸布店都登过广告，并在常熟吉翠园设有办事处，不到两年，因开支较大，经费短缺，只得停办。

抗战胜利后的1947年春，阮增熙又发起将《虞东三日刊》复刊，经区公所同意，借南街袁益来南货店多余房屋为社址，重新编印出版《虞东三日刊》，仍为四开油印两版。副刊改名为《雨花》，报头及“雨花”题头用木刻套红加印，仍以梅李社会新闻为主，副刊内容与“白蔷”无异。阮增熙为主编兼发行人，编辑有冯明、潘祖荣、彭佳值。每期由闻宝亭、黄应南刊刻钢板并印刷。出版后分送有关单位外，多数送到商店或个人。月底视店之大小，酌收报费。同年冬，出至80期，因阮增熙、黄应南、潘祖荣先后离开梅李，《虞东三日刊》就此结束。该刊出版时间不长，对社会贡献亦不大，但在农村集镇，由私人出资，发行一份报刊，亦非易事。追忆所及，略述如上。

梅李大桥的演变

梅李大桥又叫“通海大桥”，这个桥名一直沿用了数百年。通海大桥位于梅李镇中心地段，横跨梅李塘，连接南北街，成了塘南、塘北的交通要道。古老的亭桥大桥始建于宋代。

梅李大桥（2017年）

明万历年间，里人徐后曾捐资重建石桥。万历十七年（1589）二月初六日动工，同年十月廿一日竣工。碑刻记之："重建通海大桥碑记，万历十七年小春谷旦，里人徐后曾谨识，冉元考书。"原刻置于桥腹券板上。迨至清雍正十年（1732）七月，大桥被激流冲毁，南北交通受阻。于是又重新修建，筑石块木桥面代之。有碑刻为证："重建通海桥记，清雍正十一年王应奎撰文，顾荣书。"此碑原立于桥之南堍。

至清乾隆二十年（1760），通海大桥又变得破残不堪。于是里中耆老士绅，商议开展"一文布缘"的募捐活动，积少成多，重建环洞石桥，以恢复原来面貌。大桥落成之日，适逢天降大雨，广大民众更其名曰"喜雨桥"。该桥美观坚固，实属建筑之精品。1937年11月，日军侵华时对梅李镇狂轰滥炸，大桥安然无恙，丝毫未损。

新中国成立后的1959年，人民政府决定拓宽梅李塘，通海大桥不能适应时代发展的要求，于同年冬季拆除，并向西推移百米处新建公路大桥并更名为梅李大桥。1986年梅李大桥重建，桥面由5.5米拓宽到13.5米。进入21世纪，原来的梅李大桥成了支王干线上的一个"瓶颈"。为此，镇人民政府会同常熟市水利局，调拨巨资，决定重新建造梅李大桥。请江苏省水利厅工程设计院设计，由省水利工程公司承建，于2003年竣工。主桥跨度40米，东西引桥近100米，桥面宽30米，两侧设置隔离栏，拱形吊梁使大桥更加坚固，还增添了美感。

梅李历代里人著作

梅李是历史古镇，自然环境优越，文化底蕴较深，编写了不少志书，据史料记载在清代就有梅李镇志，现将部分志书列表于后。

梅李历代志书编纂情况汇总表

表 11

<table>
<tr><th>编纂时期</th><th>志书名称</th><th>编纂者</th><th>备注</th></tr>
<tr><td rowspan="5">清乾隆年间</td><td>梅李文献小志</td><td>潘　镐</td><td>—</td></tr>
<tr><td>梅林小志</td><td>方　熊</td><td>—</td></tr>
<tr><td>梅林小志</td><td>方　钺</td><td>—</td></tr>
<tr><td>梅李文献小志稿</td><td>黄炳宸</td><td>—</td></tr>
<tr><td>梅李志</td><td>蔡名垣</td><td>—</td></tr>
<tr><td rowspan="3">清光绪年间</td><td>梅林补志</td><td>黄宗城</td><td>—</td></tr>
<tr><td>梅李文献三志稿</td><td>黄　冈</td><td>—</td></tr>
<tr><td>新续梅林小志</td><td>黄　冈</td><td>—</td></tr>
<tr><td rowspan="6">1949 年以来</td><td>梅李历资小集</td><td>闻宝亨、陈子清</td><td>1962 年</td></tr>
<tr><td>赵市乡志</td><td>《赵市乡志》编写组</td><td>1988 年</td></tr>
<tr><td>梅李镇志</td><td>梅李镇人民政府</td><td>1992—1995 年</td></tr>
<tr><td>梅李镇志·梅李卷</td><td rowspan="3">梅李镇志编纂委员会</td><td rowspan="3">2005—2006 年</td></tr>
<tr><td>梅李镇志·赵市卷</td></tr>
<tr><td>梅李镇志·珍门卷</td></tr>
</table>

在梅李历史上，留下了不少里人著作，有史可查的，最早是宋代王伯广写的《听雨集》，著书最多的是温肇桐。

部分里人著作书目一览表

表 12

书目	作者	出版社	出版时间	备注
听雨集	王伯广	—	宋代	—
仲璇药圃稿	王伯广	—	宋代	—
山中录	王伯广	—	宋代	—
续孔白帖	王伯广	—	宋代	—
秦汉以来钟鼎奇	王伯广	—	宋代	—
谈艺录	徐祯卿	—	明代	—
迪功集	徐祯卿	—	明代	—
铭庵诗文集	王　鼎	—	明代	—
铭庵诗集	王　鼎	—	明代	—
证治明条	王昌熊	—	明代	—
蠡测篇四卷	潘　镐	—	清代	稿本
雪鸿集	潘　镐	—	清代	—
绣屏风馆诗集	方　熊	—	清代	稿本
爨余诗抄	徐春涛	—	清代	手抄本
抱影庐集二卷	顾士英	—	清代	稿本
诗抄	杨庭诗	—	清代	手抄本
仰止山房	黄　炳	—	清代	稿本
诗抄八卷	黄　炳	—	清代	稿本
寒翠山房诗钞	王景钟	—	清代	—
无尽藏集	黄宗城	—	清代	—
蓬莱居氏文集	黄宗城		清代	
海棠仙馆诗稿	黄宗城	—	清代	—
痢症参考	吴本立	—	清代	—
女科切要	吴本立	—	清代	—
小酉山房剩草	黄廷鉴	—	清代	—
皇览课业诗赋约编	盛元珍	—	清代	—
新法螺先生谭	徐念慈	—	清代	—
常熟导游	陆万容	生活书局	民国	—
少林奇侠传	海舒（梅寄鹤）	—	民国	铅印本
书场杂咏	海舒（梅寄鹤）	—	民国	铅印本
陀螺体表加工工艺	张天波	国防工业出版社	1963 年	与人合作
儿童少年卫生学进展	徐苏恩	人民卫生出版社	1984 年	—
琉球百问	江一平	江苏科学技术出版社	1983 年	点注之一
灵兰要览	江一平	江苏科学技术出版社	1987 年	点注之一

续表 12

书目	作者	出版社	出版时间	备注
倚云轩医话医案集	江一平	人民卫生出版社	1991 年	点注之一
中医辨治经验集萃 ——当代太湖地区医林聚英	江一平	人民卫生出版社	1996 年	主编之一
运动解剖学图谱	顾德明	[日]高桥、彬修二社	1990 年	日文版
男子健美训练图册	顾德明	人民体育出版社	1991 年	—
一朵翠绿色的云	叶公觉	南京出版社	1992 年	—
双桨轻舟	叶公觉	吉林人民出版社	1996 年	—
典故、知识、查检	祝鼎民	知识出版社	1992 年	—
中国文学问答总汇	祝鼎民	北京十月文艺出版社	1994 年	参编并统稿
明代散文选注	祝鼎民	岳麓书社	1998 年	选注之一
清代散文选注	祝鼎民	岳麓书社	1998 年	选注之一
天堂鸟	谭纪文	新疆青少年出版社	1993 年	—
殷培华美术作品选集	殷培华	中国美术学院出版社	1999 年	—
考古觅踪	周公太	百家出版社	2001 年	—
文物与考古	周公太	苏州大学出版社	2003 年	—
黑格尔的幽灵	唐正东	南京大学出版社	2005 年	翻译之一
情满荒漠	汤民仁	江苏人民出版社	1986 年	翻译之一
近代物理实验	陆同兴	安徽教育出版社	1987 年	编著者之一
世界名诗鉴赏词典	钱坤强	北京大学出版社	1990 年	参编
浪漫主义艺术	钱坤强	生活·读书·新知三联书店上海分店	1992 年	翻译之一
美国文学选读	钱坤强	上海译文出版社	1996 年	参编
西方象征主义艺术	钱坤强	河北美术出版社	2003 年	译著
英语小说导读	钱坤强	北京大学出版社	2004 年	编者之一

温肇桐著作年表

表 13

名称	出版时间	出版单位	备注
常熟石梅小学美术教学情况	1932 年 11 月	常熟萃英印刷所	—
怎样教小学美术	1935 年 5 月	世界书局	—
小学美术科教材和教法	1939 年 10 月	商务印书馆	—
清初六大画家	1945 年 6 月	世界书局	—
元季四大画家	1945 年 10 月	世界书局	—
晋唐二大家	1945 年 12 月	世界书局	—
明代四大家	1946 年 11 月	世界书局	—

续表 13

名称	出版时间	出版单位	备注
色彩学研究	1947 年 9 月	商务印书馆	后修订九版
美术与美术教育	1948 年 1 月	世界书局	—
国民教师应有的美术基础知识	1948 年 2 月	商务印书馆	—
创造的儿童绘画指导研究	1948 年 2 月	商务印书馆	—
小学美术课教材和教法	1948 年 2 月	商务印书馆	—
小学劳美合一教学的研究	1949 年 4 月	世界书局	—
新中国的新美术	1950 年 3 月	商务印书馆	—
新小学的美术教育	1950 年 8 月	大东书局	—
论新现实主义艺术创作	1951 年 7 月	大东书局	—
新美术与新美术教育	1951 年 7 月	大东书局	—
中小学美术教育法	1951 年 11 月	大东书局	—
中国新美术运动初稿	1953 年 10 月	华东艺专创作研究室	—
中国绘画艺术	1955 年 7 月	上海出版公司	1958 年 5 月更名为《国画丛谈》
国画丛谈	1958 年 4 月	中国古典艺术出版社	—
历代中国画学著述录目	1958 年 5 月	中国古典艺术出版社	朝花美术出版社 1962 年 9 月出版增订本
顾恺之研究资料	1962 年 11 月	人民美术出版社	与俞剑华、罗未子合编
黄公望史料	1963 年 1 月	上海人民美术出版社	—
1912—1949 年美术理论书目	1965 年 9 月	上海人民美术出版社	—
中国画家丛书·王原祁	1980 年 3 月	上海人民美术出版社	—
中国古代画论要籍简介	1980 年 10 月	天津人民美术出版社	—
中国画家丛书·华喦	1981 年 1 月	上海人民美术出版社	—
中国绘画批评史略	1982 年 5 月	天津人民美术出版社	—
美术理论书目（1949—1979）	1983 年 2 月	上海人民美术出版社	—
唐朝名画录	1984 年 12 月	四川美术出版社	—
顾恺之新论	1985 年 6 月	四川美术出版社	—
中国画家丛书·蒋廷锡	1985 年 6 月	上海人民美术出版社	—
中国画家丛书·蒋宝龄	1985 年 8 月	上海人民美术出版社	—
倪瓒研究资料	1991 年 12 月	人民美术出版社	—
古画品录解析	1992 年 6 月	江苏美术出版社	—

住院部

名人与名镇

梅李历史悠久，历代人文荟萃。据史料载，自宋至清代共出进士 11 人、举人 14 人和众多其他才俊。其中南宋王伯广精于诗，其骈文亦是脍炙人口。明代文学家徐祯卿，与唐伯虎、祝允明、文徵明并称“江南四大才子”。清代，金得顺率众奋起抗拒征粮，其事迹收入《中国近现代史大事记（1840—1980）》中。中国晚清著名翻译家、教育家、出版家、创作科幻小说先驱者徐念慈，常熟地区著名的三烈士李建模、任天石、薛惠民均诞生于梅李。至当代，梅李更是人才济济，不胜枚举。

许光国墓志铭

人物传略

许光国（1107—1151） 字利宾，先世原居苏州，至祖父昌期始徙常熟之梅李。史载其父许寔于书无所不读，知识渊博。许光国 10 岁时父亡，随兄许光远奉母以居，生活清贫，在兄辅导下刻苦学习，于南宋绍兴十二年（1142）中进士，历任衢州西安县、江山县主簿。西安历来社会不安定，常有扰民之徒，许光国设计惩治魁首，余众皆镇服。在江山县，许光国参与宋室南渡后首次大规模整顿田亩经界之役，负责实地丈量。他不畏劳苦，拒绝贿赂，深得上司器重。他为人诚实善良，出仕后常以俸禄急济亲朋。少时曾从里人彦和学，登科后不嫌其贫，亲迎置居所，执弟子之礼。彦和病，又延请名医治疗，直至彦和病逝。许光国娶建炎间常熟县令、左散郎吴祖仁之长女为妻，生有二子，均早夭。许光国病逝于绍兴二十一年九月，终年 44 岁。

王伯广（生卒年不详） 字师德，常熟梅李人。南宋绍兴十二年（1142）中进士，授官湖州德清县尉。王伯广后试教官，继授温州教授，再调常州教授，未至任而卒，卒年 50。王伯广精于诗，亦善作骈体文，其文当时即脍炙人口，还常与南宋词人、书法家张孝祥交游，时有诗书往还，著有《听雨集》《山中录》《秦汉以来钟鼎奇字》等。《全宋诗》第一卷收王伯广《宝严寺》一诗：“平湖镜净中，背贴青峰峦。去郭二十里，金碧辉波澜。是曰宝华境，万象郁以盘。壮哉窣堵坡，一瞰天地宽。谁怀堕台鞅，几欲招飞鸾。我生渺何能，山水情所安。扁舟几来期，不为开愁端。意到自行乐，尊酒那返欢。何如结青莲，超道心外观。台息身两忘，浩然天地间。”此诗因讴歌宝严寺周边的美丽风光，并抒发诗人旷达超脱的情怀，为其寺庙文化增添光彩，故千百年来为各地宝严寺争相援引。宋时梅李西街，有王师德公祠，内有祀乡贤王师德公伯广塑像一尊。清乾隆时，县令康基田迁像于他庙，奉王公木主于中，修葺为梅李书院。光绪十六年（1890），里人郑人植等重修王公遗像，新中国成立后移至西茶亭庙内。其地今仍用师德命之。

王伯广像

王鼎（1450—？） 字元熏（一作元勋），号鹤峰，又号铭庵居士，明代梅李人。王鼎天资聪明，勤奋好学，十岁时就能操琴作赋。明成化五年（1469），弱冠之年的王鼎已中进士，授官南京刑部主事，继任刑部郎中。他讼狱审理及时，使刑不滥，民而不冤。《常熟乡镇旧志集成》一书中载，朝廷为表彰王鼎政绩下旨一道：“奉天承运，皇帝诏曰，朕惟秋官之属，专理刑狱，而大小之讼莫不由焉，南京刑部郎中王鼎，发身科第，擢属刑官，历岁滋深，勤慎弗懈，奉政大府赐之诰命，以示褒荣尔，制曰夫妇京体恩典。”该志书中并录有王鼎诗作二十余首及论文《阴阳学记》等。明弘治年间桑瑜等人纂修的《常熟县志》（简称《桑志》）已有“常熟八景”之说，其中三景的题咏即为王鼎所作，在当时传颂一时。著有《铭庵集》一卷、《铭庵诗集》（一作《铭庵诗文集》）。从中可见王鼎博览知识、关心民生之德，后其升任湖广左参议，总督钱粮。

王鼎老家在梅李月河桥南堍。弘治八年（1495），已任湖广左参议的王鼎回梅李探亲祭祖，此时正值河水暴涨，受潮水冲激后的月河桥摇摇欲坠，行人却步。王鼎带头和地方及乡里望族到县衙请命建造月河桥，并向知县表示，自己愿意捐资贴补造桥部分所需，知县同意重建月河桥。王鼎支付施工所需工酬和工匠的吃住费用，当地百姓亦争相出力。新建月河桥拱券中有两块石碑，碑文皆出自王鼎手笔。

徐祯卿（1479—1511） 字昌谷，又字昌国，常熟梅李人，后迁居吴县（今苏州）。明代文学家，被人称为“吴中诗冠”，是吴中四才子（亦称江南四大才子，即唐伯虎、祝枝山、文徵明、徐祯卿）之一。徐祯卿天性聪颖，少长文理。早年学文于吴宽，十三四岁时，受业常熟邵守斋门下。15 岁时，随父“徙家吴县”，故又称其为“吴县（今苏州）人”。16 岁著《新倩集》，即知名于吴中。但早年屡试不第，读屈原《离骚》有感，作《叹叹集》。明弘治十四年（1501）作《江行记》。弘治十六年与文徵明合纂《太湖新录》。弘治十八年进士及第，因长相难看影响仕途（史载其“貌侵不与”），未获馆选。同年闻鞑靼入侵，官兵抵抗不力而败，又作长诗《榆台行》，其诗文为“前七子”（前七子是明弘治、正德年间的文学流派，成员包括李梦阳、何景明、徐祯卿、边贡、康海、王九思、王廷相）之首李梦阳所关注赏识。他还著有《迪功集》《迪功外集》、文学批判著作《谈艺录》等。在随后几年里，徐祯卿先为官京城，为大理寺副，又外使湖南为官，30 岁时由湖南返回京城，恰逢时在京师的王阳明，引为知己之交。在京城，徐祯卿因失囚之罪，贬为国子博士，备受权奸打击，由此疾病缠身。正德六年农历三月十六日（1511 年 4 月 13 日）卒于京师，其墓葬于苏州虎丘山西麓万点桥的郁家浜北端。

徐祯卿像

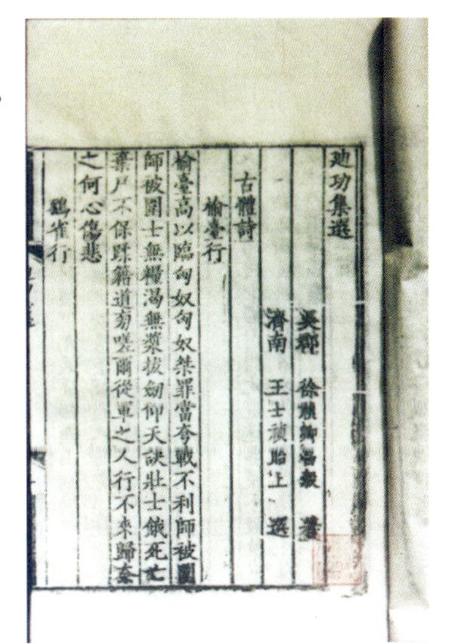
迪功集選
吳郡 徐禎卿昌穀 著
濟南 王士禛貽上 選
古體詩
榆臺行
榆臺高以臨句奴句奴禁罪當夸戰不利師被圍
師被圍士無糧渴無漿拔劍仰天訣壯士饑死亡
棄尸不保骸籍道旁嗟爾從軍之人行不來歸秦
之何心傷悲
鷄雀行

《迪功集》

顾柄（生卒年不详） 字文谦，明代梅李北街人。幼时苦读经书，明嘉靖二十六年（1547）考取进士。授工部主事，分管荆州税务。按当时惯例，收税有了盈余，可由税务部门私分。顾柄主持荆州税务后，凡有盈余一律记贮郡库，不准私分。因为他自己一分银子也不收，吏胥也不敢为奸。有一次，四川的木材商运一批大木浮江东下，适逢洪水大汛，大木被冲。荆州税吏觉得是个发财机会，趁机捞取木材，欲掠为己有。事被顾柄发觉，经清查后大木全部还给木商，并惩办了作奸的税吏。不久，顾柄晋升为工部员外郎，专司临清砖厂。后又升为贵州佥事，分巡思南。思南属少数民族地区，顾柄宽和简政，为民众所赞许。因其秉性耿直，不小心得罪了一个当权御史，被诬劾罢官。后来，那御史贪赃之事败露，顾柄又起用为广西佥事，不久晋升为湖广参议，在长沙任上去世。乡里称其居处为“顾进士巷”或“读书里”，后人沿称“顾家弄”，今弄仍在。

章士雅（生卒年不详） 字循之，常熟梅李人，明代进士章美中之子。明万历十七年（1589）进士。万历十九年任浙江嘉善知县，后历官刑部主事，改南工部，至工部郎中。章士雅主政嘉善时，鉴于县志年久失修，遂下决心重新纂修《嘉善县志》。曾任兵部职方司主事嘉善魏塘人袁黄（字了凡）刚好罢官归里，知道章士雅的心迹后，遂至县府，拿出自己所藏资料，对章士雅说县志已经大体具备了。章士雅“遽然色喜”，即邀请他担任县志主笔。万历二十四年，章士雅主持重修、袁了凡及盛唐等主笔的《嘉善县志》刊印。全志列 12 卷、9 纲、8 图及 20 分区图，分 50 目。该志资料翔实，内容丰富，记载了“嘉善县重粮赔亏”之详情，为现存县志中的上乘之作。

章士雅在主政嘉善的 6 年间，颇有政绩，他主张“藏富于民”，人称其“熟悉上谕民情”且“多惠政”。明少詹事兼翰林院侍读、四川南充人黄辉有《送章循之赴嘉善》云：“东行翻出国门西，雪路南枝望不迷。仙吏故乡长水近，美人别恨远山齐。乍便越舫移萱背，不隔吴歌过韭溪。家世风流谁得似，向来看剑气成霓。”章士雅诗文俱佳，其诗作《黄花镇》（黄花镇今位于北京市怀柔区）其一云：“天险曾开百二关，黄花古镇暮云间。平沙不尽胡儿种，绝徼时闻汉使还。万骑烟尘驱大漠，一宵风雪守天山。将军莫信封侯易，百战归来鬓已斑。”颇具豪迈之气。

盛元珍（生卒年不详） 字仲圭，号宝岩，清代梅李人。清雍正初年鄂文端任江苏巡抚时，以诗文考试秀才，盛元珍得第一名，遂由岁贡生荐授蒙城训导兼主讲钟山书院，被知府黄廷桂所器重。后黄移官川陕时，延聘盛元珍任兰山书院讲席。兰山书院的前身为雍正二年甘肃巡抚卢询捐养廉银创建的正业书院，至雍正十三年由甘肃巡抚许容奉旨改建为省立兰山书院。此后 120 年中经过 5 次扩建，成为甘肃省规模最大的官方书院。当时的甘肃省书籍既少，书院又乏人讲解，盛元珍到任后，乃精选《左传》《国语》，秦汉诸子散文，以及六朝和唐宋八大家文章，集一大册，于乾隆六年（1741）编成《皇览课业诗赋约编》以作授课教材。翌年，盛元珍任兰山书院山长（院长），又编印《皇览课业汇编》和《十三经及诗赋续编》等教材，其中后者卷帙不繁，收《十三经》原文及先儒注疏论说，纲目清晰，便于学生对照研习。由此当地文风为之一振，尊盛元珍为“南方夫子”。后年迈返回故乡，病卒于家。临洮诗人吴镇（1721—1797，字信辰，号松崖，别号松花道人，后曾任兰山书院山长）为其学生。盛元珍子士游，字含章，亦能诗，到兰州看望父亲时病卒，当地人悯怜之，后葬于皋兰山麓。

黄廷鉴（1762—1842）字琴六，号拙经逸叟。原籍梅李镇赵市先生桥，后移居邑城六弦河。系叶坤子，黄叔灿嗣子。黄廷鉴幼承家学，为乾隆五十五年（1790）生员。年轻时求学于邑人、名士赵同翮和王庭筠。其在文献校勘方面的专长，受张海鹏、张金吾、瞿镛等藏书家赏识，后受聘于张金吾、陈揆等藏书家家中，校勘古籍，结为密友。平生终日忙碌于古编陈简中，搜罗乡邦文献，撰补旧志缺漏，人称“老蠹鱼”，其藏书处名曰红豆山房、二瓻书屋。中年以后，专注于地方志的修纂，因为出众的校勘、目录、版本学素养，其编撰考订的方志著作被褒奖为“尤征翔实”。“照旷阁”和“爱日精庐”两藏书楼之书，多数被他校读过，曾为张金吾、陈揆写有《藏书二友记》。道光二十年（1840），为瞿绍基作《恬裕斋藏书记》。一生校书不下数百种，藏书多抄本。喜刻书，刻有祖父鹤《寄庐遗稿》、伯父镇《春谷遗草》、父叔灿《籁鸣诗抄》等。曾撰《琴川三志补记》及《续记》，以补宋代鲍廉《琴川志》、元代卢镇《重修琴川志》和明宣德间张洪《琴川新志》之缺，为常熟重要地方志之一。黄廷鉴晚年以经学提倡后进，曾与言朝标、王家相、蒋因培等名宦13人结“乡耆社集”，传为文坛佳话。著有《籁鸣诗钞》《第六弦溪文钞》《第六弦溪诗钞》《虞乡继记》《古虞文续集》《重订汉武故事》等。

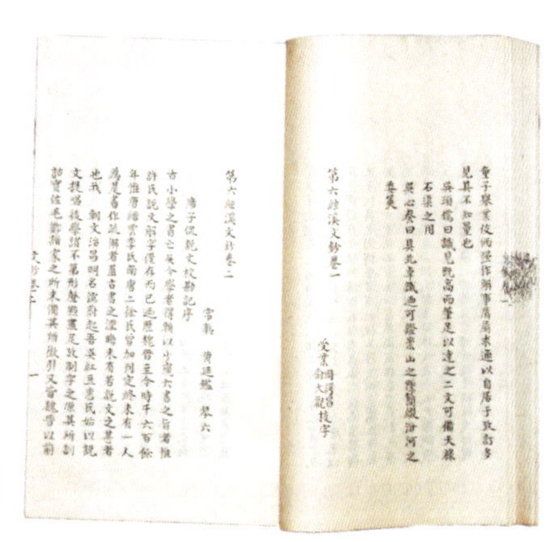
第六弦溪文钞卷一

第六弦溪文钞卷二

常熟　黄廷鉴　琴六

《第六弦溪》

金得顺（？—1846）又作金德润、金德顺，清代梅李人。平生孔武有力，爱打抱不平，因协捕海盗有功，授千总衔，后削发为僧，又还俗居乡。清道光二十六年（1846）夏，昭文县借口征集军粮，浮征漕米，差役四出勒索追捕乡民，动辄枷号。金得顺率佃户入城请命，县令拒不接见，激起众怒，拆毁县署暖阁和漕总家房屋。事后，县令派兵下乡捕人，金得顺率众抗拒，并得东乡十余农民响应，打死兵差两人，拆毁陆家市、娄家桥、归市、中市、吴市、东周市、何市等地的劣绅地主四十余家，以

金得顺像

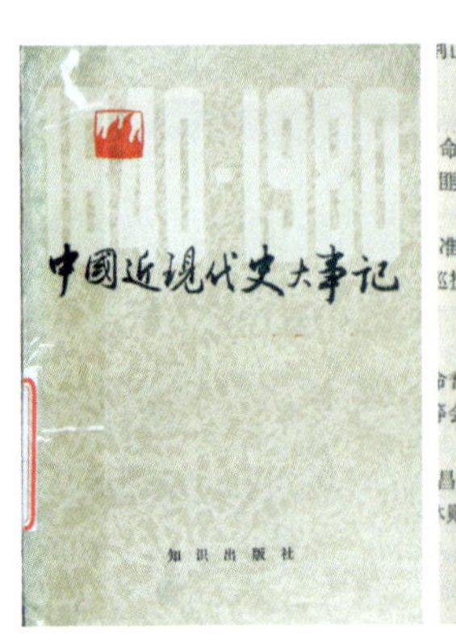

《中国近现代史大事记（1840—1980）》内记载的“金得顺起义”

示惩戒。不久，邻邑镇洋县（今太仓）佃农亦起而响应，捣毁县衙，附近数县震动。江苏巡抚李星沅檄调福山标兵3000人下梅塘，架设大炮与起义农民对峙。值天降暴雨，一昼夜水深数尺，官兵乘雨逼攻，起义失败。金得顺走江阴顾山被执，于是年农历八月二十二日被害于苏州北寺塔教场。《中国近现代史大事记（1840—1980）》一书收有“金得顺起义”事条。

王守明（1858—？） 字毓明，清末民初女刺绣工艺家，常熟梅李人。18岁嫁邑人吴恒初为妻，一月后夫亡。后在常熟老县场寺前街（即西门大街）斗级弄创办刺绣传习所，教授“仿真”刺绣技艺，开常熟刺绣风气。个人擅长仿真绣，即美术绣，在当时有“常熟绣王”之名。刺绣传习所学生有陆一尘等十余人，学生绣稿大多自己设计制作，绣法以擞和针为主。其所绣制的作品参加1930年比利时博览会，获一等奖，又获南洋劝业会奖。作品有《猫蝶图》《英雄》《白头到老》《梅花锦鸡》《虎》《太子少保》《神女》《仕女》等，其绣名重于一时。

胡文藻（1873—1944） 字君黻，梅李北街人，少贫力学。清末官费留学日本。归国后，授法科举人，清光绪二十九年（1903）任梅李区教育同盟会会长，后又任公立梅李小学堂堂长，热心振兴乡里教育事业。1912年，任浙江省国税厅科员、科长，后提升为厅长。在浙一年有余，政绩颇佳。旋中央将国税厅改为财政厅，胡文藻调任湖北省财政厅厅长。任满赴北京，被委任崇文门监督，管理税收工作，尔后卸任。在中央财政部任事，继任津浦铁路货捐局统办，办理铁路货捐事宜。1927年，中央政府迁都南京，胡文藻在财政部任事，该部为考核僚属，设有签到簿。胡文藻总是先人签到，部长宋子文甚为赞许，委任其江西财政特派员，颇有成绩。时适大陆银行在江西南昌添设分行，大陆银行总经理许汉卿聘任胡文藻任经理，从此脱离政界转入商业，悉心研究金融。不久抗战爆发，大陆银行南昌分行撤销，胡文藻调任总行秘书，携眷赴上海，住西区大胜胡同。抗战期间病故于上海，后归葬于故乡梅李。

徐念慈（1875—1908） 字彦士，号觉我。昭文学廪生，梅李镇赵市人。出身书香门第，幼时聪颖过人，论事有主见。20岁时便通英文、日文，擅长数学和写作。清光绪二十三年（1897）与张鸿、丁祖荫、曾朴等在常熟创办中西学社，又创办竞化女学，任教数年。光绪二十九年起开始文学生涯，翌年与曾朴、丁祖荫在沪创办小说林社，任编辑主任。后又出任《小说林》杂志译述编辑。曾在上海竞存公学、爱国女学、尚公小学等校兼课。在《小说林》上发表《余之小说观》，提出“小说离不开人生，小说反映人生”的见解。翻译作品有《海外天》《黑行星》《美人妆》《新舞台》等。翻译小说多半用白话文和浅近文言，对后来翻译界影响很大。热心介绍西方先进科学文化，翻译科幻小说《黑行星》，创作科幻小说《新法螺先生谭》，被视为中国近代翻译、创作科幻小说先行者。其白话小说《情天债》反映民主革命思想。

徐念慈及他的作品

范和钧（1905—1989） 常熟梅李人。早年留法勤工俭学，加入中共旅欧支部。归国后在上海商检局工作。其间，深入茶叶产区考察研究，与吴觉农合著《中国茶叶问题》一书，曾在中茶公司湖北恩施实验茶厂负责设计创制各种制茶机械，机制红茶。

李建模

1939年春，范和钧与张石城从缅甸景栋绕道到云南佛海考察取得样茶后，取道思茅普洱返回昆明作汇报建议。是年冬，云南中茶公司决定在佛海创办试验茶厂，委任范和钧为厂长。1940年春，范和钧请中茶公司调得制茶工共90余人，沿茶马古道经峨山、元江、墨江、普洱、思茅、车里等地，历时一个多月到达佛海。同时他还派人到印度学习茶叶栽培及制茶新方法，并通过佛海县政府，征得当地土司同意，选择了距佛海集市中心很近的一块80余亩土地作厂址，他和工人们一起生产滇茶，终于在普洱茶区第一次生产出了机制红茶、绿茶。1941年，佛海遭日机轰炸，云南中茶公司电令佛海茶厂职工全部撤退昆明。范和钧在工人们的请求下同意延长十天，把厂子全部建成后再走，全厂上下一心，加班加点赶装发电机，一周后，机房发电，佛海小镇有史以来第一次亮起了电灯。第二天，全厂职工将机器拆卸装箱，托运思茅或寄存民间，全厂职工除护厂人员外，才一一惜别全部撤退。范和钧为创办佛海茶厂，写下了历史性的篇章。范和钧被人誉为“普洱茶之父”。

李建模（1907—1945） 原名鸿生，字屺春，化名王顺芝、李范、李坚等。常熟梅李人。14 岁为陆同福布庄学徒，23 岁任陆同福驻沪的“申寓”负责人。李建模利用业余时间，进入“立信会计学校”学习，出版《立信会计季刊》，后将《立信会计季刊》改为《立信校刊》。上海立信会计学校毕业后，组织“立信同学会”并任会长，后推举顾准（吴达人）为同学会会长。1933 年和顾准等发起组织以研讨时事、探求社会进步为宗旨的“进社”，1934 年参加中华民族武装自卫会（以下简称“武卫会”），旋参加中国共产党。是年 7 月偕同“武卫会”党团组织部长李定南，在该会常熟分会发展党员，建立党支部。1935 年年初，任该会上海分会委员，后任主席，8 月，又任总会秘书长。1936 年 7 月，“武卫会”总会被破坏，被捕入狱，受刑不屈，1937 年 8 月，获释归里。

1937 年 11 月日本侵略军侵占常熟后，李建模受中共江苏省委派遣回常熟领导抗日斗争，是常熟“民抗”创建人之一。1940 年 4 月，谭震林来东路主持抗日全面工作，苏常太游击根据地开始形成，军政财经支出增加。8 月，兼任东路经委主任。1941 年专职从事财经工作，任江南财政处长、新四军 6 师供给部长。其间在继续抓好田赋及税收的同时，领导各地组织各种类型的消费和生产合作社，并建立工商管理制度，使东路地区抗战财政自给有余。1942 年春，李建模调西路茅山根据地工作，先后担任江南财经处处长兼惠农银行行长、新四军 6 师 16 旅供给部长、苏南行政公署行政委员会委员兼财经处长和苏浙皖边区经委主任等职，工作中严格执行财经纪律，廉洁奉公，为抗日理财用财，节约每一个铜板，受到谭震林等党政军领导的高度赞扬。1945 年抗战胜利后，新四军根据《双十协定》撤离苏南，于当年 10 月 15 日随军渡江北撤，因意外沉船，不幸以身殉职。

徐苏恩（1907—2001） 梅李镇赵市人。1924 年考入北京协和医学院，经过 3 年预科和 5 年本科学习，1932 年毕业于协和医学院。1933 年留学美国，在哈佛大学、麻省理工学院和哥伦比亚大学进修，先后获得医学博士、公共卫生学硕士学位。1935 年回国，曾任西北联大医学院、南京中央大学教授，中华医学会儿少卫生学组副主任委员，中华预防医学杂志编委等职。

新中国成立后，长期在上海医科大学任教，对儿童青少年生长发育研究颇深。先后任上海医科大学卫生学教授、儿童少年卫生学教研室主任、全国统编教材《儿童少年卫生学》和《医学百科全书·儿童少年卫生学分册》副主编、《中国学校卫生》杂志名誉总编辑、中国民主同盟盟员。徐苏恩长期从事公共卫生工作，是学校卫生和健康教育专家。曾获得中华儿童少年卫生学会奠基奖，享受国务院颁发的政府特殊津贴。著有《学校健康教育》《儿少卫生学进展》等。

温肇桐（1909—1990） 梅李镇赵市何村人，1930年毕业于上海艺术大学。是中国美术教育家、中国绘画史论家、教授、现代画家。1937年起在上海美专任教授、艺术教育科主任、图书馆主任、出版部主任，主编《美术界月刊》和《艺术生活周刊》等。1945年后兼任上海师专教授、艺术系主任。1949年，在上海解放前夕为美术家协会、漫画家协会、木刻家协会联合会起草《迎接上海解放宣言》，并刊登在1949年5月29日上海《大公报》上。1952年起历任华东艺专教授兼图书馆主任、美术系副主任、硕士研究生导师。后到南京艺术学院，任南京艺术学院教授、江苏省美学会顾问、中国美术家协会会员。温肇桐毕生致力于美术教育、中国美术史及中国绘画史论的研究，成绩卓著，共撰写《新美术与新美育》《中小学美术教学法》等专著40余种，其中《中国绘画艺术》（1955年）、《中国绘画批评史略》（1982年），获江苏省哲学社会科学优秀成果三等奖，《顾恺之新论》（1985年）在国内外颇有影响，《中国绘画批评史略》被韩国作家译成韩文出版。晚年回到常熟，先后任常熟市第五届、六届政协常委，常熟工艺美术职工大学顾问。他的传记载入《中国艺术家辞典》《中国现代美术家辞典》《中国美术年鉴》《中国美术通史》等书。

温肇桐

任天石（1913—1948） 又名启生，常熟梅李塘桥人。家庭世代从医。1927年于常熟孝友初中肄业，后随父学医，1932年考入上海中医学院，毕业后在常熟城区开业行医。1937年3月，

任天石

在梅李参加常熟人民抗日救国会，常熟沦陷后，弃医从戎，矢志抗日，筹建抗日武装部队。1938年7月，“民抗”成立，任副大队长，后任大队长。1939年5月，“江抗”抵常熟，“民抗”成立总部，任司令，同年秋参加中国共产党。1939年9月，“民抗”主力参加“江抗”西撤，任天石组建新“民抗”，与新“江抗”互为策应，打击日伪军。

1940年4月，谭震林来常熟，建立苏南东路敌后抗日游击根据地。任天石在东路军政委会领导下，从事苏常太三县的民主建政工作。是年8月，被任命为常熟人民抗日自卫会主席。9月，任中共常熟县委书记。1941年“皖南事变”后，苏南行政机构改组，任第一行政区督察专员兼常熟县县长，4月兼任苏常太工委委员。1943年后，先后任苏中区党委巡视员、通海行署主任、第六行政区专员、苏中行政委员会委员等职。1945年8月日本投降后，奉命返回江南，组成苏常太警卫团，整顿健全游击区的政权机构，开展征粮和扩军工作。1946年2月改任京沪路东中心县委书记，9月华中十地委成立，任常委兼社会部长。1947年1月，十地委机关迁入上海不久，因叛徒告密，不幸被捕。5月下旬，被解赴南京后，秘密向组织表示“我们同胞至死不变，始终如一，个人生死，在所不计”。1948年冬，被国民党杀害于南京。现南京雨花台烈士纪念馆陈列任天石的斗争事迹。

薛惠民（1917—1945） 常熟梅李人，出身农民家庭。幼年读过私塾，后在梅李镇日新成布店当学徒。1934年，参加进步组织“进社”，后转入“武卫会”。1935年6月，薛惠民等赴上海接受“武卫会”总会的训练，返回常熟后从事党的秘密工作。1939年5月，“江抗”抵常熟后，薛惠民任“民抗”总部参谋长，9月，“民抗”主力参加“江抗”西撤，即与任天石等组建新“民抗”。1940年4月，谭震林来常熟，建立以常熟为中心的苏常太抗日游击根据地，薛惠民任常熟县人民抗日自卫会执行委员，旋任新“江抗”第5支队支队长，多次和敌伪军作战，取得一系列战斗的胜利。

1941年“皖南事变”后，新“江抗”5支队编入新四军，薛惠民任江南保安司令部警卫二团副团长，6月，兼任常熟县县长，继改

薛惠民

薛惠民烈士遗物钢笔

任新四军六师十八旅五十五团团长，在“反清乡”斗争中率部转战在水网地区。8月，奉命撤至苏北，任该师十八旅作战科长。1942年春调华中党校学习，同年冬，化名黄皓调通海地区，与四地委江南工委负责人任天石一起，隔江领导苏常太地区的秘密工作和筹备武装恢复工作。1944年12月，中共苏中六地委苏常太工委成立，薛惠民任工委书记。由于工作繁重，久患肺病趋于恶化。1945年4月20日，当上级任命他为军分区副司令员的命令送达时，薛惠民在长江南岸吴市包家湾村病逝。

薛惠民被列入2015年8月24日民政部公布第二批在抗日战争中顽强奋战、为国捐躯的600名著名抗日英烈名录中。

徐循初（1932—2006） 梅李镇赵市人，1955年毕业于上海同济大学。先后任同济大学建筑城市规划学院教授、博士生导师，全国市长培训中心教师，上海、重庆、深圳、武汉等城市和中国城市规划设计研究院高级规划顾问。徐循初长期从事城市规划和交通规划的教学与科研，其研究方向是城市交通规划的战略和政策、城市道路交通设施供需协调发展、城市交通调查和规划方法。其主要成果有：主编国家标准《城市道路交通规划设计规范》，参加“中国不同类型城市基础设施等级划分和发展水平研究”、中科院院士咨询项目“21世纪中国城市交通战略”等课题，并多次参与国际科研合作。主持常州、芜湖、柳州、乌鲁木齐、佛山、溧阳、盘锦、长沙等10多个城市的交通规划。先后主编《城市运输》、参编《城市道路交通》，发表论文《国外整体化的客运交通规划》《城市交通的综合治理》《三论我国城市道路网规划中的问题》和《关于我国城市交通规划的改进》等40余篇。享受国务院颁发的政府特殊津贴。

徐永元（1960—2003） 常熟梅李人。1975年加入中国共产主义青年团，在梅李中学高中部就读时担任学校团总支副书记和第一团支部书记。1977年7月被选调到中共中央办公厅秘书局工作，曾任秘书局印刷厂科员、团支部书记、办公室主任、副厂长、厂长等职。1978年加入中国共产党，1986年起历任文印处副处长、处长，秘书局文电处处长，局办公室主任，秘书局副局长兼局机关党委书记、会议处处长。1994年8月徐永元受中央办公厅派遣，赴青海省玉树县挂职扶贫，担任帮扶小组组长和玉树县县委副书记兼副县长。1995年10月任秘书局副局长兼局机关党委书记。1996年4月兼任会议处处长，2000年6月任巡视员。2001年3月任秘书局局长。在中共十六大筹备和大会召开期间，徐永元担任大会秘书处秘书组副组长和会务组组长，他还是中共十六大代表。

由于他工作实绩突出，1998—2002 年在中办局级领导干部年度考核中，年年被评为优秀。十六大闭幕后的第 4 天，被确诊为肺癌。2003 年 10 月 24 日病逝，年仅 43 岁。

名人与梅李

瞿硎、支遁梅李论道 瞿硎（生卒年不详），为东晋高士。据《晋书·隐逸传》记载，瞿硎先生者，不得姓名，亦不知何许人也。据明代弘治、嘉靖年间的两部《常熟县志》记载，瞿硎晚年曾隐居海虞（今常熟）梅林（今梅李）一带，传播自己的学说和思想。又据南宋庆元《琴川志》和元代《至正重修琴川志》等记载，后人在常熟直塘（今属太仓市）广安寺（又名宝林寺、武丘寺）一带疏浚河塘时，得一古墓，中有墓砖，上书："瞿硎先生，字磪子，广川人，隐居不仕，后徙海虞，卒葬东陵武丘寺重冈之原。"支遁（314—366），本姓关，字道林，世称支公，东晋陈留（今河南开封市南）人，一说河东林虑（今河南省林县）人。著名佛教学者，与谢安、王羲之等交游，好谈玄理。作《即色游玄论》，宣扬"即色本空"，发挥般若学的性空思想，为般若学六大家之一。后曾到吴（今苏州）、剡（今浙江省嵊州市西南）等地建立佛寺，阐说佛法。东晋咸和六年（331），时年 18 岁的支遁，仰慕瞿硎之高名，专程从金陵（今南京）到海虞梅林的一个土丘旁，拜访隐居于此的高士瞿硎。作为忘年之交，支遁见到瞿硎后，俩人十分投缘，大有相见恨晚之感。史载，俩人随即坐在露天，彻夜长谈，阐古探幽，讲经论道。成为梅李历史上的一段佳话。

梅世忠、李开山与梅李镇 梅世忠、李开山（生卒年俱不详），为五代时期吴越国两位名将。据常熟南宋庆元《琴川志》记载："五代十国天宝元年，吴越王钱镠遣将梅世忠、李开山戍此，居民依军成市，因取二将之姓，以名其地，故名'梅李'。"又据清代《里睦小志》等记载，旧时梅李东南徐市智林寺旁有梅园，即为梅世忠所建园林。宋代常熟知县李光有诗咏梅园"花木通幽园林深"，明代徐美虹著有《梅园春集》诗卷。至清乾隆年间，仍有文人到此观荷、赏菊、吟诗、作赋，并留下许多诗篇，梅园于1937年被日军飞机炸毁。至今徐市中学旁有因梅园花香而命名的“香花桥”，其地名里人曰“梅园里”。南宋庆元《琴川志》又载，李开山墓在黄村（今徐市）贵泾桥之左、东大街之北，占地五分，其土坚硬如石，敲打则有金属声，人称“李王墓”（今徐市供销社竹木门市部内）。随即，黄村改称李墓（至明代先后改称里睦、徐市）。明代有李英，为李开山后裔，为人刚介，与倭寇作战遇难。清代王应奎有纪念梅、李两将军诗：“梅开梅落岁频更，多少英雄尽古坟。眼底有花须解看，隔篱谁吊李将军？”至今西起梅李浒浦桥，向东经徐市、曹家桥流入白茆塘，全长12.8千米的河流叫李墓塘（后称里睦塘）。

韩世忠驻军梅李 韩世忠（1089—1151），字良臣，陕西绥德人。出身贫寒，18岁应募从军，英勇善战，在抗击西夏和金以及平定各地叛乱作战中为宋立下汗马功劳。韩世忠为官正派，不肯依附丞相秦桧，为岳飞遭陷害而鸣不平。死后被赠为太师，追封通义郡王。其墓在今苏州灵岩山脚下。韩世忠在常熟境内的活动地很多，其抗金事迹至今广泛流传。据《常昭合志》记载，南宋建炎三年（1129），金国宗室大将完颜宗弼（即金兀术）将兵南下，刘光世、韩世忠驻军今江阴至常熟福山一线。在常熟石闼镇（今属张家港市），韩世忠屡次击败金兵。后人为纪念他，将石闼镇改为庆韩，意即庆祝韩家军取得重大胜利，后人们顺称为庆安镇。韩世忠还曾途经梅李，扎营于梅李镇西南，即今寨角村（传因韩家军驻扎而得名）。在今徐市贵泾塘、梅李镇西韩家浜（传因韩家军驻扎而得名），及张家港市庆安、马嘶桥、韩墩和凤凰部分地段，即当年沿江一带的古河道及古井中，时有南宋时的瓶罐出土，这些瓶罐外形瘦长，大多高19厘米，最凸处直径10厘米，瓶口径6.3厘米。是当时军队士兵用于取水的工具，其功能相当于现在的军用水壶。据说，这是当年韩世忠统领的韩家军中所用，因此人民群众称之为“韩瓶”，其分布与当年韩世忠在常熟的驻扎线路基本一致。

康基田兴办梅里书院 康基田（1728—1813），字仲耕，号茂园，山西兴县人。清乾隆二十二年（1757）进士，初授新阳（今属昆山市）知县，后调任昭文（今属常熟市）知县。历任江苏按察使、江南河道总督、安徽巡抚等，政绩卓然。后迁广东潮州通判，以捕获盗贼功晋同知。累迁河南河北道，调江南淮徐道，治河有声。康基田在常熟履职期间组织修筑元和塘、疏浚盐铁塘，使人民得其便利。离任之时，百姓拉住其乘坐的马车车辕，躺在马车前进的路上，又自发聚集在其行进的官道上欢送，久久不让其离去。康基田在常熟任上还大力建办书院，以考核士子学业，推进教育事业发展。时梅李镇西街原有宋代乡贤王师德（伯广）公祠，有屋三进，共16间。乾隆二十九年，康基田至梅李，他随即组织迁王师德塑像于他庙，改供木牌神位。对原祠进行重新修葺，并拓地3亩，增设门堂、宿舍，改建为梅里书院。同时地方绅士捐田140亩，康基田个人捐银500两，作为办学经费。康基田还自撰碑记，并延请孝廉讲学。至道光二十四年（1844），梅李人张景益、陆淳熙对书院加以重修。光绪十六年（1890），里人郑仁植以典铺捐重修屋宇，并重塑王师德遗像于书院门堂一室。光绪三十年，张善康改书院为梅李小学堂。新中国成立后，1950年又迁王师德塑像于西茶亭，学堂初为梅李中心小学校舍，改为幼儿园，后作为梅李中心小学教师宿舍和商店仓库。

乱世良医任天石 出生中医世家的任天石，集革命、行医于一身。他年轻时毕业于上海中医学院，学成归里后挂牌行医，四出巡诊。参加革命后，身任要职，人称“任司令”，尽管忙于抗日救国大业，仍经常为城乡患者就诊送药。任天石匡贫济穷的感人事迹，至今仍在梅李一带流传。

1935年3月，梅李万柳巷一农家传出凄厉的哭泣声，原来是久卧病榻的男主人濒临死亡的边缘。正好任天石乘坐的出诊小船，从村后的梅塘经过。闻此不幸信息，任天石便主动入内诊治。药到病除，患者起死回生，合家破涕为笑。1937年夏天，张家宕村民张锦章患霍乱痼疾（俗称瘪箩痧），严重脱水，生命垂危，随即请来任天石。一番望、闻、问、切，任天石便拟写处方。患者服药后，有效控制了病情，不久恢复了健康。1938年春季，木匠永永的妻子姚小妹长年咳嗽不止，体温反复无常。现在说来，这是支气管哮喘，属常见疾病。虽然看过医生，但收效甚微。后来有幸遇上了开展游击战斗的任司令，患者服药后，顽疾慢慢祛除。同年秋季，后村陈老先生（现梅李陈启宝祖父）患了一种说不清道不明的疑难杂症，任天石诊断后给他开了2.5钱的泻药，体内积存许久的污秽脏物彻底排出，饮食起居日趋正常。据说，这是肠胃消化系统发生了严重紊乱。1939年冬天，周庄周妙生奄奄一息，任司令把他抢救了过来。徐村徐永生病得只剩皮包骨头，也是任司令在战斗间隙，妙手回春，还了他一个健康的体魄。

任天石为众多患者的健康辛苦奔波十余载，凡是农村里穷苦的病人，他不收诊金，甚至不要药费，可以凭他的字条，直接去他开设的药铺撮药。对个别衣不遮体、食不果腹的病家还送钱送物。梅李镇上一位杨姓妇人的公公生病，常年卧床不起。任天石出诊到其家，见到病人上身不整的衣衫和下身破烂的裤子，事后托人送来一领新席子和几套六成新的衣裤。

谢飞战斗在梅李 谢飞（1913—2013），女，原名谢琼香，广东省文昌县（今文昌市）人。谢飞曾是刘少奇的夫人，有80年的党龄，她是走完长征的30位中央红军女战士中的一员。抗日战争时期的1940年10月，谢飞来到常熟东乡梅李、董浜一带，其间（至1941年2月）任中共江苏省京沪线东路特别委员会（以下简称东路特委）宣传部长兼江南社副社长，其时她用的名字是谢明明。谢飞到任后不但尊重领导与干部，同时很快和年轻的战友们打成一片。她特别要求大家发扬红军优良传统，严格执行“三大纪律八项注意”，关心和帮助民众，与老百姓结成鱼水关系。在谢飞的领导下，江南社的成员平时与老百姓交流谈心，帮干杂活，打扫卫生，忙时则帮做农活，和群众同劳动、同欢乐。老百姓在江南社的船只需要隐蔽时，总是腾出自家的船位；在江南社的人员需要住宿时，总是腾出自家的房间，一面亮灯开门，一面喊着“亲眷来哉、亲眷来哉！”热情地接待亲人的到来。

1941年3月，江南社由苏常太转移至澄锡虞地区，组织上决定留谢飞在苏常太，继续任东路特委宣传部长，后又任苏常太工委宣传部长。其间她与工委的战友们一起，又先后在常熟举办了两期党训班，共集训了常熟、苏州、太仓三县的地方党员60人，学员多为区委委员和支部书记。党训班着重进行党的基本理论与基础知识教育，辅以党的抗战路线与政策教育。1941年7月，日伪在苏常太地区发动了第一期“清乡”，常熟水乡军民展开了艰苦卓绝的反“清乡”斗争。为了减少损失、保存有生力量，同月下旬，按上级部署，谢飞和一些外地来的党政军干部先后撤离苏常太。新中国成立后，谢飞曾担任中国人民大学专修科副主任、主任，中央政法干部学校副校长，第六届、第七届全国政协委员、中国人民公安大学顾问，被公安部授予人民警察一级金盾荣誉章。

评弹名家在龙园 梅李龙园书场的前身是清光绪初年的“邓厅”，该厅是临河而建的茶馆。1935年，里人瞿尧良租借“邓厅”，开设书场，是时茶馆、书场合二为一。开馆当年，请来评弹名家杨莲青说《包公》，一连十几天听客场场爆满。从40年代起，江、浙、沪评弹名家纷至沓来：大名鼎鼎单档说《倭袍》的王禀泉，名家杨莲青的徒弟顾宏伯、陈晋伯和金声伯，说《大红袍》的杨斌奎及其儿子杨振言、杨振雄，说《文武香球》的周玉泉，说一曲《杜十娘》脍炙人口的蒋月泉，说《三笑》的徐云志和他的徒弟四个“亭”（严雪亭、王御亭、祝逸亭、邢瑞亭），严雪亭说的《杨乃武与小白菜》更为轰动，说《英烈》的张鸿声，把书中的胡大海演得活灵活现……真是名家荟萃，不胜枚举。

抗战胜利后，评弹演员朱蓉舫和女儿朱雪琴跑码头来到常熟梅李。龙园老板瞿尧良以龙园“女的不进”为由，拒绝他们。朱雪琴在龙园受到冷遇后，激发她对评弹艺术的追求和探索。数年以后，她继承了沈薛流派，并吸收了俞调、马调的特点，独创了“精神饱满、气势豪放、明快爽朗，如长江大河奔泻千里的琴调”。真是“士别三日，当刮目相看”。瞿尧良对当年拒绝朱雪琴一事认真反思，便决定主动邀请朱雪琴来梅李龙园献艺。第一次去上海，连朱雪琴的面也没见着；第二次，瞿尧良带着真诚歉意去浒浦（朱雪琴、郭彬卿正在浒浦熙春书场演唱）见朱雪琴，说了许多赔礼的话语，朱雪琴还是没有到梅李演出。到了50年代，瞿尧良鼓足勇气，第二次到上海，再次邀请朱雪琴到梅李演出。在名家面前，直率地作了自我批评，他的虔诚姿态感动了朱雪琴，她当场答应重游故地。不久，朱雪琴和郭彬卿到梅李龙园演唱，他们独创的“琴调”响遍评弹界，让渴望聆听“琴调”的听众大饱耳福。“三请朱雪琴”之事成为龙园的一段佳话。

1979年文化部代部长周巍峙偕江苏省文化厅、苏州文化局和常熟县文化馆一行6人到龙园调研，随同的有电视台记者4人,《人民画报》记者2人和《人民中国》(国外发行）记者2人。他们拍摄新龙园景象、听客喝茶风貌和评弹演唱形式（当时苏州评弹团的赵玉昆正在演出评话《东汉》)。上海连环画家丁斌也曾经到龙园体验生活，他创作的连环画《芦荡火种》，其中“春来茶馆”原型就是以龙园为素材。1977年6月，在浙江莫干山召开的江浙沪两省一市文艺宣传工作、振兴评弹会议上，全国人大常委会副委员长陈云在讲话中说:“两省一市要像梅李龙园的瞿老四（瞿尧良）一样接待、重视评弹，振兴评弹有望。”

梅李龙园书场部分评弹名家说书一览表

表9

序号	评弹演员	书　目
1	秦纪文	《华丽缘》
2	曹啸君　曹织云	《玉蜻蜓》《白蛇传》
3	朱雪琴　郭彬卿	《珍珠塔》《双金锭》
4	张玉书	《三国》
5	周伯庵	《玉蜻蜓》
6	何芸芳　何剑芳	《双珠球》

续表 9

序号	评弹演员	书　目
7	朱伯雄	《刺马》
8	魏含英	《珍珠塔》
9	严雪亭	《杨乃武与小白菜》《三笑》
10	蒋云仙	《啼笑因缘》
11	金声伯	《七侠五义》《包公》
12	侯丽君	《江姐》《梁祝》
13	邢晏芝	《杨乃武与小白菜》《贩马记》
14	张鉴庭	《火烧豆腐店》
15	王禀泉	《倭袍》
16	杨斌奎　杨振言	《大红袍》《描金凤》
17	周玉泉	《文武香球》《玉蜻蜓》
18	蒋月泉	《杜十娘》
19	徐云志	《三笑》
20	黄异庵	《西厢记》
21	沈俭安	《白蛇传》《双珠球》
22	顾宏伯　陈晋伯	《包公》
23	杨振雄	《描金凤》《大红袍》《长生殿》
24	邢瑞亭　祝逸亭	《三笑》
25	朱惠珍	《玉蜻蜓》《白蛇传》
26	杨莲青	《包公》《狸猫换太子》
27	夏荷生	《描金凤》《三笑》《双金锭》
28	张鸿声	《英烈传》

科举进士

在浩荡的历史长河中，从梅李走出了星辉灿灿的历史名人，可谓家乡之荣，特选录自宋至清梅李进士列表于后。

梅李历代进士一览表

表 10

姓名	字号	生卒年	生平
王伯广	师德	生卒年不详	南宋绍兴十二年（1142）进士。湖州德清县尉，温州教授，常州教授。精于诗，著有《听雨集》《山中录》《秦汉以来钟鼎奇字》等,《全宋诗》第一卷收其《宝严寺》一诗
许光国	利宾	1107—1151	南宋绍兴十二年（1142）进士。任衢州西安县、江山县主簿
王　鼎	元勋	1450—?	明成化五年（1469）进士。南京刑部主事，刑部郎中，湖广左参议，广东布政左参政。工于诗，著有《铭庵集》一卷、《铭庵诗集》(一作《铭庵诗文集》)
秦　蕃	良翰	1451—1481	精治《诗经》，后通过院试入国子监为国子生。明成化十一年（1475）进士。任浦江（今属浙江省）知县
徐祯卿	昌谷	1479—1511	明弘治十八年（1505）进士。明代文学家，吴中四才子之一。著《新倩集》《叹叹集》，与文徵明合纂《太湖新录》。后为大理寺左寺副、湖南纂修、国子监博士
顾　柄	文谦	生卒年不详	明嘉靖二十六年（1547）进士。工部主事，分管荆州税务。后升为工部员外郎、贵州佥事、广西佥事、湖广参议
章美中	道华	1516—1569	明嘉靖二十六年（1547）进士。先授官大理寺评事，后来出任江西佥事，分管豫章地方司法
章士雅	循之	生卒年不详	章美中之子。明万历十七年（1589）进士。任嘉善县知县，后历官刑部主事，改南工部，至工部郎中。主政嘉善时，重新纂修《嘉善县志》
方春熙	麟伯	生卒年不详	清乾隆二十二年（1757）进士。授官吏部文选司主事，创建梅李书院，延请名师主持讲学，并将横跨梅塘之通海木桥改建成石桥
沈　鹏	诵棠	1870—1909	清光绪十九年（1893）中举人，翌年成进士。庶吉士，翰林院编修。博学儒雅，深得两朝帝师翁同龢器重
徐岳生	蔚方	1884—?	清宣统二年（1910）十一月，北洋大学堂毕业，受到宣统皇帝引见，赐进士出身。被选为翰林院庶吉士，后派往美国留学，入康奈尔大学

大事纪略

此处记载了江南第一个信用合作社的成立,“艺丝社”和《艺丝》周刊的始末,梅李第一个中共党支部的建立,被日军侵略,重建中共常熟县委,“民抗”的成立,寨角战斗,苏常太武工队成立,成为新型示范小城镇,梅李、赵市、珍门三镇合并,成为环境与经济发展示范镇,成为省改革试点镇,获得“国家园林城镇”称号,成为常熟市首个世界级“健康社区”,太平洋岛国农业官员参观、与马来西亚沙巴州兵南邦县缔结友好乡镇,中央电视台《传奇中国节·中秋》特别节日走进梅李等发生在梅李境域内的大事要事。

1928 年江南第一个信用合作社在梅李成立

为了缓和生产、生活上的诸多困难，以利对敌斗争的深入开展，1928 年，“中共常熟县委临时委员会”决定在圩港镇（今梅李赵市）成立江南第一个“苏维埃农村信用合作社”。初冬的一天，苏维埃信用合作社在圩港镇北端的一座岳庙举行成立大会。会议选举唐希贤为理事主任，程醒吾、陆圻祥等为理事。参加大会的均为入股的贫雇农民和个体小商贩，每股 5 元，约 60 余人，股金 300 块银圆左右。信用社的贷款方向是面向缺少农本的穷苦农民或资金匮乏的商贩，月息不超过 1 分。

江南第一个苏维埃信用合作社成立期间，适逢中共常熟县委临时委员会负责人之一的石楚材在先生桥一带活动，石楚材十分重视并积极参与信用社的筹建工作。早在江苏省委作出关于《江苏农民秋收斗争决议案》以后，石楚材便坚持在农村进行革命斗争。常熟东湖南横泾、苏家尖、梅李、浒浦等地都有他的行踪，随他活动的约有 30 余人。信用合作社成立以后，借贷的户主非常多，及时解决他们的燃眉之急。圩港北街于学金，曾向信用合作社贷款 150 块银圆，购进英国制造的引擎和水管直径为 4 英寸的抽水机 1 台，安置在张泾岸河畔，为众多劳力不足的农户提供方便。此事成为当时美谈。

随后，中共常熟县委设立合作指导室，指导方向在农村，且偏重于信用合作社。主要是通过农民银行向农民放贷购买肥料、农具、耕牛等急需资金，月息均为 1 分。贷款期限一般是春贷秋还，最长不超过年底。除信用合作社以外，梅李地区还出现了储押仓库（顾坊桥）、农业仓库（梅李）、渔业合作社（塘岸）等多种形式的合作社。

“艺丝社”和《艺丝》周刊的始末

1934年年初，梅李人李建模等7名进步青年在上海组建了“进社”。李建模回到梅李后，吸收薛惠民、陈刚、李凌等十余人加入“进社”，成立了“进社常熟分社”，在宣传抗日、宣扬革命、团结进步青年等方面做了许多工作。为了更广泛地宣传抗日救国的道理，团结更多的爱国青年，在上海进社的资助下，1934年3月，梅李成立了“艺丝社”，并出版《艺丝》周刊。李建模为负责人，汪涵秋为主编。《艺丝》周刊发表的文章抨击社会黑暗，其鲜明的观点和不屈的精神深受读者的喜爱和支持，但也引起了国民党反动当局的注意。5月27日，国民党当局以“言论荒谬、蛊惑人心”为由，勒令《艺丝》停刊，并解散“艺丝社”。《艺丝》周刊工作人员连夜赶印并发行了最后一期（第9期），在扉页上套印了“奉县党部令，暂行停刊”九个双钩大字，表示强烈的抗议。

1934年建立梅李第一个中共党支部

1934年5月，上海成立“中华民族武装自卫委员会”（以下简称“武卫会”），开展民族武装自卫的各项活动。8月，上海“进社”解散，旋成立“武卫会上海分会”，李建模和吴达人为负责人。不久在梅李建立“武卫会常熟分会”，第一批成员有薛惠民、陈刚等10人。同年秋，“上海武卫会党团”派组织部长李定南到梅李，发展薛惠民、李凌、顾鉴修、张可群、为中共党员，并建立了梅李第一个党支部——“梅浒支部”。书记顾鉴修，支部委员张可群、李凌。不久，李定南再次到常熟，又吸收陈刚、李映华、茆春华入党。至1935年年初，“梅浒支部”共有党员12名。自此，梅李人民在中国共产党的领导下，开始了不屈不挠的斗争。

1937年日军侵略梅李

1937年11月13日清晨，侵华日军从常熟沿江的高浦口、徐六泾、野猫口等处相继登陆。上午8时，有3架日机对梅李镇进行轰炸、扫射，第一枚炸弹落于通海大桥南堍，盛姓房屋被炸毁，主妇受重伤。以后3架日机轮流轰炸，直至傍晚。从集镇中心起，北至太平弄，西至书院场，南至章家弄，东至黄石皮桥，全镇房屋被炸毁十之八九，成为一片废墟。其他地段也有被炸者。据不完全统计，日机共投弹300多枚，烧毁房屋约1784间，伤亡171人左右，拉劳工13人，强奸妇女数十人。次日上午10时左右，日军先遣队入境，20余骑，沿梅塘一路扫射，随后日军第十六师团第九联队从梅李镇向常熟城区进犯，沿途死伤无数。

日本侵略军经过聚沙塔（1937年）

1938 年重建中共常熟县委

1937 年 12 月上旬的一天，李建模、顾鉴修、薛惠民、陈刚等人终于在小洋泾的一家农户相聚，进行讨论并商定下一步行动：一是分别联络各地原常熟人民抗日救国自卫会（简称“人救”）和“后援会”人员及其他积极分子，了解敌情；二是秘密筹集（打捞或收购）国军溃退时丢散的枪支；三是千方百计寻找党的关系，这项工作由李建模负责。

同年 11 月中共江苏省委在上海重建，年底，江苏省委建立外县工作委员会，领导京（南京）沪线、沪杭线和长江三角洲广大地区的抗日战争和建党工作。李建模随即去上海，很快与中共江苏省委取得联系。1938 年 2 月初，江苏省委派杨浩庐与李建模一起

中共常熟县委重建纪念碑（2007 年）

到常熟。杨浩庐（又名庐文慰）在抗战前入党，原在上海从事地下工作。他到常熟后，以李建模的朋友、上海客商的身份隐藏在梅李镇。到达第一天，李建模通知陈刚、顾鉴修、薛惠民去北街李宅，介绍双方彼此相识。不久，梅李梅塘两岸的几支抗日自卫武装不断巩固发展，而且梅李镇及其周边地区抗日活动有了新发展。

1938 年 5 月，中共江苏省委成立京沪线工委，林枫任书记，李建模、王仲良为委员，并派出曾担任过红军团长的赵伯华到常熟负责军事工作。是月，为加强苏常太地区建党建军工作，上级决定重建中共常熟县委，李建模任书记，杨浩庐、赵伯华任委员。中共常熟县委的重建，标志着一个团结常熟人民进行敌后抗日斗争的领导核心业已形成。

1938 年“民抗”在梅李诞生

1938 年 6 月 1 日，为整顿常熟东乡各地数十支小型武装队伍，常熟县委决定在梅李塘桥举办军事训练班。训练班在塘桥周家宅基开学，学员 50 余人，班委会由杨浩庐、赵伯华、任天石、陈刚、顾鉴修 5 人组成。为期一个多月的训练班对提高地方武装的军事素质起了很大的作用。8 月初，中共常熟县委直接组织和领导的第一支抗日部队——“民抗”在梅李镇塘桥周家宅基成立。成立会上宣布了“民抗”领导名单，徐少川任大队长，任天石、毛鹏华任副大队长，杨浩庐任政治部主任，赵伯华任参谋长，顾鉴修任副参谋长。大队下设三个中队，一个特务队。一中队队长薛惠民，二中队队长由任天石兼任，三中队队长徐衡伯，特务队队长朱英。会上，县委领导作了讲话，阐明了“民抗”成立的宗旨，号召军民团结起来，齐心协力，抗击日寇，保卫家乡。

为了加强地方武装的建设，经东路工作委员会研究，决定将“民抗大队”改为“民抗总部”。1939 年 6 月上旬，“民抗总部”成立，任天石任司令，李建模任政治部主任，薛惠民任参谋长。到 9 月底，“民抗”发展到五六百人，成为中国共产党领导下苏南地区的一支抗日主力部队。

1939 年寨角战斗

1939 年 3 月，投靠日伪的浒浦海匪赵培芝部头目小陆兴，带着十多个匪徒耀武扬威地到梅李寨角，收取巧立名目的所谓“牛捐”。“民抗”部队接到交通员曹生弟的情报，立即部署。杨浩庐、赵伯华和薛惠民率领战士兵分三路包抄过去。赵伯华率二分队，直奔寨角南面的秀才坟，薛惠民率一分队扼守东面的大坝头，断敌退路，杨浩庐率三分队潜伏在莫乃桥堍，负责主攻。下午 1 时许，当匪徒从曹家段抢牛回匪窟时，“民抗”部队伏击成功，交战不到五分钟，匪徒被击毙十余人，其余的仓皇出逃。

“民抗”的寨角战斗，在梅李人民革命斗争史上，也称作“清水江边第一枪”。

1944 年苏常太武工队成立

1943 年 3 月，领导苏常太地区恢复工作的薛惠民在上海设立秘密联络站。在召集戈仰山等人参加的秘密会议上，决定将单一的秘密工作与武装工作相结合，长期隐蔽，积蓄力量，待机而发，适可而止，逐步把日本侵略军的“清乡”区恢复为抗日游击区。5 月，一支 7 人组成的短枪武装小分队（又称“新四军挺进小分队”）从大安港渡江，在梅李镇先生桥登岸后到达乡下徐家宅基与戈仰山会合。6 月，朱英等 3 人南下。武装小分队在梅李、吴市一带农村开辟活动基地，与地下党员和秘工人员取得了联系。7月，武装小分队从梅李出发，越过白茆塘到吴县再折回常熟，新四军重返江南的消息不胫而走。

小分队既是流动的武装小部队，又是地方工作队，负责人是戈仰山、徐政和朱英。小分队站稳脚跟后，逐步向外扩展活动区域，恢复基层的党组织。1944 年 8 月，小分队在梅李镇的梅南和梅北、吴市、唐市四地建立了武装工作组。9 月，薛惠民到常熟，在苏家尖召集全体小分队队员会议。会议总结了前阶段小分队工作的情况，讨论了今后工作的方针和步骤，统一了思想，坚定了信心。会上，宣布成立“苏常太武装工作队”，朱英任队长，徐政任副队长。同时，建立武工队党支部，徐政任支部书记，朱英任副书记。此后，武工队带领常熟人民开展了反“征军米”、抗租、反“号军树”等一系列对敌斗争。

1997 年梅李镇成为江苏省首批新型示范小城镇

1997 年 6 月 9 日，梅李镇成为江苏省人民政府首批命名的 34 个新型示范小城镇之一。1995 年在全省范围内开展创建新型小城镇，梅李镇人民政府十分重视这一工作，把创建工作作为促进经济发展，改善小城镇投资环境，密切政府与群众联系，为群众办实事的重要举措。为此，镇政府加大了基础建设力度，提高小城镇规划、建设、管理水平，建设成为布局合理、设施配套、交通方便、功能齐全、环境优美的社会主义新型小城镇，推动农村经济发展和乡村城市化进程。

1999 年梅李、赵市、珍门三镇合并

1999 年 6 月 23 日，根据中共常熟市委、常熟市人民政府对有关镇（场）行政区域和管理体制的调整意见，经苏州市人民政府同意，报江苏省人民政府批准，同意撤销梅李、赵市、珍门三镇建制，以原三镇行政区域设立梅李镇，镇政府驻梅李镇。全镇总面积 78.6 平方千米，镇区面积 4.5 平方千米，下辖行政村 49 个、街道办事处 3 个、居民委员会 3 个，总人口 81150 人，其中非农业人口 8082 人。

1999 年 6 月 28 日，举行新的梅李镇成立挂牌仪式。6 月 29 日，新的梅李镇在文化中心会场召开首次全体机关工作人员会议，目的是统一思想，提高认识，加快磨合。翌年 11 月，梅李镇召开第一届人民代表大会第一次会议，选举产生镇第一届政府领导班子。

1999 年梅李镇成为江苏省首批环境与经济发展示范镇

1999 年 8 月 3 日，江苏省环境保护委员会正式命名梅李镇为全省首批环境与经济协调发展示范镇。保护环境，发展经济，功在当代，利在千秋。梅李镇党委、政府把环境保护这一基本国策放在重要位置。一手抓经济发展，一手抓环境保护，加快产业结构，

采用关、停、并、转、迁的措施，压缩污染点源，从而控制污染的总量，削减发污染的负荷；同时组建企业集团，在保护环境的同时，加快发展经济，使企业上规模、上水平，求得经济效益、社会效益、环境效益的统一。

2010 年梅李镇成为江苏省首批强镇扩权试点镇

2010 年 8 月，梅李镇被江苏省人民政府确定为全省首批强镇扩权试点镇。2011 年 12 月 29 日，省委、省政府办公厅正式批复同意梅李镇强镇扩权改革方案。2012 年 10 月，梅李镇强镇扩权方案正式开始实施，按照创新管理体制，扩大管理权限，加强社会管理，初步建立行为规范、运转协调、公正透明、廉洁高效的基层行政管理体制和运行机制的总要求，撤销镇党委、政府原 7 个综合办公室和赵市、珍门两个办事处及 7 个镇管事业单位，整合设置为“二办七局一中心”，均为副科级建制。2014 年 8 月，经常熟市编办同意，“二办七局一中心”下设 37 个职能科室（中队），均为副股级建制。截至 2015 年年底，新设行政管理体制全面建成，运行正常，并收到了良好的效果。以便民中心为例，2016 年，中心接件 117171 件，办结 117171 件，日均办件 460 多件。公共资源交易中心完成工程建设类招标 154 件，标底金额 14381.51 万元，成交金额 11472.25 万元，节约资金 2909 万元；政府采购类 50 件，预算标底金额 1444.03 万元，成交金额 1251.20 万元，节约资金 192.83 万元。

2014 年梅李镇获“国家园林城镇”称号

2014 年 1 月 14 日，梅李镇通过中华人民共和国住房和城乡建设部验收，成为常熟市首个国家园林城镇，实现“碧水绿脉、古镇融翠”的大园林景观。梅李镇强调打造“城水相依、绿绕古镇、文溢名郡”的城镇绿色生态格局，先后建成师德苑、健身中心、银塘公园等 7 个规模公园，并对聚沙公园进行扩建，保证居民出行“300 米见绿、500 米见园”，公园绿地率达 75% 以上。同时大力发展节约型绿化，大力推广立体绿化。每年的植树节，梅李镇都举行大规模的植树活动，发动居民积极参与，形成政府植绿种绿，居民爱绿护绿的良好氛围。

2014 年梅李镇成为常熟市首个世界级“健康社区”

2014 年 12 月 23 日，世界卫生组织 (WHO) 健康城市合作网络会议暨健康场所命名仪式在上海召开，梅李镇被世界卫生组织 (WHO) 健康城市合作中心正式授予“健康社区”荣誉称号，成为常熟市首个获此殊荣的乡镇。

梅李镇有计划、有组织地开展了形式多样的健康促进工作。投入 100 余万元建造了镇体育活动中心；建立了镇健康文化主题公园、天字村健康文化园等健身活动场所 86 处，设立镇级健康小屋，配置自我检测仪器，安置了控油、限盐、计步器、腰围尺等支持性工具，定期对外开放，为全镇广大居民开展健康自我测量、自我管理提供新场所。每年举行全民健身活动、健康知识竞赛、千人健步走、健身操比赛、登山比赛。举办了五届体育文化节，全民健身行动得到了广泛发展。在全镇中小学开设健康教育课程和健康教育知识讲座，向广大居民群众发放健康干预资料达 10 多种 5 万多份，发放控油壶、限盐勺、BMI 尺、计步器等健康工具 3 万余份；创建全民健康生活方式行动示范镇，通过开展健康村（社区）、健康学校、健康医院、健康单位、健康餐厅、健康食堂等健康细胞工程创建，取得了良好的成效，并于 2012 年被评为苏州市全民健康生活方式行动示范镇。

2015 年农业部带领太平洋岛国农业官员到梅李参观

参加农业部对外经济合作中心举办第四期“中国与太平洋岛国农业技术培训班”的来自斐济、玻利维亚、牙买加等 10 个国家农业官员和技术人员，于 2015 年 7 月 26 日下午由农业部对外经济合作中心李晶主任、省农委外事外经办公室史纪新主任带领来到梅李，参观梅李现代农业产业园。

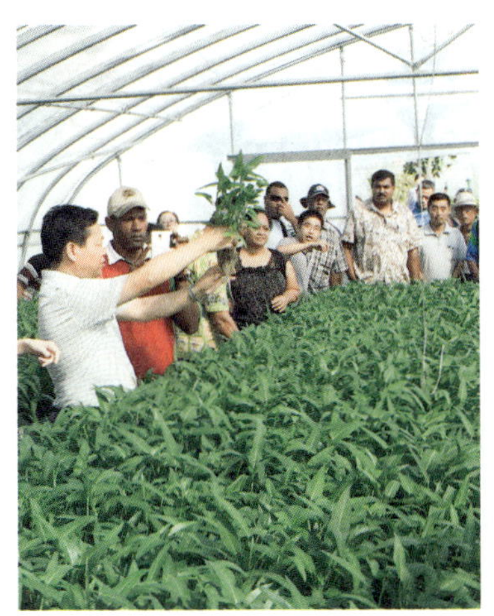

太平洋岛国农业官员参观（2015 年）

在梅李镇新丰蔬菜专业合作社的育苗中心和叶菜管道液体栽培生产基地，考察组人员参观育苗中心、水帘降温设备、车式喷淋、穴盘基质育苗和正在培育的松花菜、西兰花、小白菜等蔬菜的品种，并对一些技术性问题进行详细询问。常熟市农委和梅李镇的领导及技术人员对参观学习的外宾朋友热情友好接待，并进行详细介绍，认真耐心地回答相关提问。

2016 年梅李镇与马来西亚沙巴州兵南邦县缔结友好乡镇

2016 年 4 月 13 日下午，以卢微妲主席为首的马来西亚沙巴州兵南邦县访问团到梅李，与梅李镇党政领导会谈并正式签约缔结友好乡镇关系。

梅李历来重视经济发展，是江苏省经济发达镇行政管理体制改革试点镇。2015 年完成一般公共预算收入 5.85 亿元，实现地区生产总值 84.59 亿元。先后获评世界级“健康社区”、中国人居环境范例奖、国家园林城镇、国家卫生镇、国家级生态镇、国家建设宜居小镇。而兵南邦县同样也有着悠久的文化历史，位处马来西亚最富裕的沙巴州，物产丰饶，商业发达，是令人向往的旅游胜地。

梅李镇能与兵南邦县建立友好城镇关系，是梅李对外交流发展史上的一座里程碑，在梅李的发展史上留下浓墨重彩的一笔。

梅李镇与马来西亚沙巴州兵南邦县缔结友好城镇（2016 年）

2017年中央电视台《传奇中国节·中秋》特别节目走进梅李

2017年10月4日，梅李镇登上中央电视台综合频道和国际频道《传奇中国节·中秋》特别节目，向全国人民和全球华人直播，展现梅李人民过中秋的孝爱文化、民俗文化和美食文化，呈现江南人过中秋的地方特色。

直播连线以国家AAAA级旅游景区梅李镇聚沙园为背景，月光、灯光、湖光交相辉映，月影、塔影、树影融成一片，蒸菜、饭粢糕、梅李花灯等梅李“非遗”一一呈现，更有四世同堂的合家家宴，中秋月圆夜，共同许下深深的中秋祝福！

央视《传奇中国节·中秋》走进梅李（2017年）

节目展示中秋民俗和梅李孝爱文化特色。现场除了有滚灯、打莲湘、荡湖船、旗袍秀等常熟人逢年过节喜爱观看的民间文艺表演，还展示了梅李的“拜月”民俗，9 位年方 16 岁的妙龄女子在祈祷家乡风调雨顺的同时，也期盼自己以后能找个好婆家。国家一级演员、著名弹词艺术家陆建华和著名评弹演员杨静红联袂献上了一段《梅塘赏月》，透出了浓浓的乡音、乡味、乡情，精致梅李的文化底蕴和人文情怀淋漓尽致地呈现在全球华人面前。

主要参考文献

梅李镇志编纂委员会编:《梅李镇志·梅李卷》《梅李镇志·赵市卷》《梅李镇志·珍门卷》，上海辞书出版社，2006年。

梅李镇人民政府编:《梅李镇志》，古吴轩出版社，1995年。

梅李文化站编:《梅林》，天马出版有限公司，2007年。

常熟市地方志编纂委员会编:《重修常昭合志》，上海社会科学院出版，2002年。

国家清史编纂委员会编:《常熟乡镇旧志集》，广陵书社，2007年。

叶黎侬编著:《琴川雅韵》，上海文化出版社，2007年。

金权宝主编:《常熟蒸菜》，上海科学普及出版社，2012年。

白晓、房娜主编:《中国经编行业发展之路》，中国纺织出版社，2015年。

周燕、刘品玉、杨洪:《任天石传》，江苏人民出版社，2016年。

时萌:《中国近代文学论稿》，上海古籍出版社，1986年。

陈其弟:《品味修志》，广陵书社，2014年。

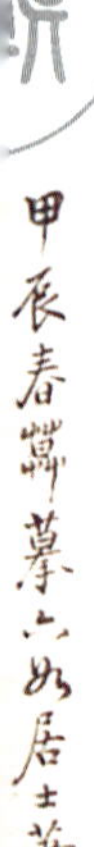

〔清〕许兆镜《刘海戏金蟾》（梅李历史文化博物馆馆藏复制品）

编纂始末

《中国名镇志丛书·梅李镇志》是按照《中国名镇志文化工程实施方案》要求编纂的一部新型镇志。其要义在于探索中国特色新型城镇化建设过程中，留住乡音、乡思、乡风，保留乡土文化记忆，继承传统文化精华，挖掘历史智慧，让百姓“望得见山，看得见水，记得住乡愁”。与传统志书有所不同的是，本志要充分反映镇的特点、特色，充分体现“名”和“特”。根据这一要求，该镇志设有概述、基本镇情、经编名镇、宜居小镇、现代农业、文物古迹、孝爱之乡、风土民情、艺文杂记、名人与名镇、大事纪略等篇目。

2015 年 8 月，经常熟市地方志办公室推荐，梅李镇开始编纂《中国名镇志丛书·梅李镇志》。8 月 14 日，由镇党委宣传委员周琴花带班，组织党政办秦珺，编志办吴金华、温寅、邵兴元一起参加了苏州市地方志办公室举办的“中国名镇志丛书”编纂培训班，回来后即着手进行志书的编写。9 月 16 日，《中国名镇志丛书·梅李镇志》纲目基本形成，10 月份送常熟市地方志办公室修改。11 月 9 日上午，苏州市地方志办公室的专家专程来到梅李，对志书纲目进行了审定。12 月中旬，镇志编写组正式开始按篇目编写。

梅李，历史上就是个修志之乡。但按中国名镇志丛书的要求进行编写，还是第一次。编写组严格按《中国名镇志文化工程实施方案》准则要求编写，采用类目体结构，大量运用随文图，力求图文并茂，增加视觉感、可读性。编写组经过查阅、搜寻、访问、座谈等形式，本着实事求是，尊重历史真实，准确还原历史的精神，历时 2 年多的时间，编纂了《中国名镇志丛书·梅李镇志》。志书上限尽量追溯至事物发端，下限断至 2017 年，全志约 32 万字。

本志编纂分工：吴金华负责概述、基本镇情、经编名镇、编纂始末的编纂工作；温寅负责宜居小镇、现代农业、文物古迹、风土民情、名人与名镇的编纂工作；邵兴元负责孝爱之乡、艺文杂记、大事纪略的编纂工作。书中所用照片由苗一峰、姚利忠、王杨等负责，市志办陈建东负责统稿。

在编写过程中，得到了苏州市、常熟市地方志办公室领导、专家的热情帮助和指导。苏州市地方志办公室副主任陈其弟、业务指导处处长傅强等多次上门指导，提出修改意见；常熟市地方志办公室陈建东、张军经常上门指导，执笔修改。在编志过程中，得到梅李镇党委、政府领导的高度重视，得到有关部门的大力支持，得到梅李社会各界及老同志、老领导的悉心帮助，在此一并表示衷心感谢。2017 年 10 月 18 日《中国名镇志・梅李镇志》通过江苏省地方志编纂委员会办公室终审。

编纂名镇志对我们来说，完全是全新的尝试，是一次学习的机会。虽然我们做了一定的努力，但由于水平有限，知识浅薄，人手少，时间紧迫，书中错误、遗漏等在所难免，敬请各位领导、专家、修志同仁、读者谅解，并批评指正。

编　者

2018 年 6 月